Weckruf im Wetterstein

ISBN 978-3-936740-59-2

Charly Wehrle

Weckruf im Wetterstein

Panico

Erste Auflage 2009

ISBN 978-3-936740-59-2

Alle Fotos Charly Wehrle, ausgenommen S.11 Robert Bechem und Seite 28: Klaus Kranebitter.
Gedichte S.7 "Auf der Hütte" und S.153 "Ruhe und Rast" aus:
Berge der Photographen -- Photographen der Berge, 1990, mit freundlicher Genehmigung des Benteliverlags Bern.

D-73257 Köngen, Golterstr. 12
Tel.: 07024-82780, Fax: 07024-84377
Email: alpinverlag@panico.de
Internet: www.panico.de

printed in Germany
Druckerei Steinmeier
D-86738 Deiningen, Gewerbepark 6
Tel.: 09081-2964-0, Fax: 09081-2964-29
Email: info@steinmeier.net
Internet: www.steinmeier.net

Inhalt

Auf der Hütte

Dort oben ist alles anders.
Die Luft.
Das Licht.
Die Leute. Vor allem die Leute und ihre Gesichter.
In ihnen steht alles geschrieben, und doch ist nichts gesagt.
Es genügt, wenn man sie liest wie eine Landkarte.

Nach Elisabeth Foch

Bis weit in den Frühling hinein ist das Wettersteingebirge tief mit Schnee überzogen, und nur noch ein schmaler Pfad führt auf den Gipfel und wieder herunter. Abschneider will jetzt keiner mehr machen.

Die weiße Pracht ist geschmolzen, und das Oberreintal wird wieder zur Kletterwelt. Unterer Schüsselkarturm und Oberreintalturm stehen im Mittelpunkt der Bühne, und natürlich der Dom. Rechts der Autor 1982 in der „Schließler“.

Im Herbst werden die Tage kürzer, und in den länger werdenden Nächten lernen
Wanderer und Wirt den Schutz einer Hütte zu schätzen. Besonders
wenn draußen der Regen prasselt und drinnen die Teekannen auf dem Herd dampfen.

Auch wenn auf den Pisten unter der Zugspitze der Schneebär tanzt:
im Winter wird das Gebirge zur lebensfeindlichen Zone, und in die einsamen Ecken
des Wettersteins wagen sich jetzt nur noch die ganz Guten.

Vorwort

Am Anfang war das Voralpenland, das Württembergische Allgäu. Nach dem 2. Weltkrieg waren meine Eltern vom badischen Teil des Bodensees in das kleine Dorf namens Beutelsau bei Wangen im Allgäu, gezogen. Meine eigentlichen Wurzeln sind also am westlichen Ende des Bodensees. Im Herbst 1949 im Allgäu als vierter von fünf Buben geboren, mit Blick auf das Dreigestirn der Allgäuer Alpen, Gschwendner Horn, Rindalphorn und Hochgrat, musste ich ein Kind der Berge werden. Die ersten Fahrten mit Vater und älteren Brüdern in die nahen Allgäuer Alpen waren zwar nur Vorstufe, regten aber umso stärker die Lust in mir, öfters in den Bergen unterwegs zu sein.

Durch Wolfgang, meinen zweitältesten Bruder, der mit der Jungmannschaft des Alpenvereins Wangen an Pfingsten 1960 am Gimpel in den Tannheimer Bergen ein tragisches Wetterinferno mit vier toten Freunden hat miterleben müssen, wird diese Gebirgsgruppe für mich zu einem Begriff. Gimpel, Rote Flüh, Hochwiesler und Köllespitze rücken von diesem Zeitpunkt an ins Zentrum meines noch sehr kindlichen, bergsteigerischen Interesses.

Der Umzug meiner Eltern im Frühsommer 1961 von Wangen ins oberschwäbische Dorf Maselheim bei Biberach/Riß, hat eine außerordentliche Bedeutung für mich. Im kleinen Maselheim werden damals die Sommerferien noch nach der Getreideernte der Bauern ausgerichtet, ein Vorgang, wie er heutzutage wohl nicht mehr vorstellbar wäre. So komme ich in den Genuss doppelter Sommerferien. Auch mein jüngster Bruder Siegfried hat dieses Glück: er darf in dieser Zeit zwei Wochen auf das Kanzelwandhaus im Kleinwalsertal, während ich für zwei Monate als Elfjähriger auf das Gimpelhaus in den Tannheimern verfrachtet werde. Diese acht Wochen inmitten der markanten Berge zwischen Ost- und Westallgäu sind es, die mein kindliches Gemüt und Unterbewusstsein auf das Äußerste prägen. Nicht nur, dass ich das erste Mal lange und weit weg bin von Vater und Mutter, ich tauche förmlich ein in eine andere Welt. Ich erlebe hautnah eine Bergsteigerhütte, eine Schutzhütte, die sich später mehr und mehr in ein Berghotel verwandeln sollte. Zu jener Zeit ist sie eine typische Bergsteigerunterkunft.

Mit dem Fernglas beobachte ich Kletterer am Hochwiesler, wie sie durch steile und überhängende Platten und Risse eine Route erstbegehen, wie die Bergsteiger spät abends zurückkommen, hungrig, durstig, körperlich erschöpft sind, aber frohe und zufriedene Gesichter haben. Um diese Zeit ist dem Gimpelhaus noch eine Alm angeschlossen, die so genannte Gimpelalm. Fünf Kühe und drei Schweine hat die aus der Steiermark stammende Sennerin Kessler zu betreuen: Für mich ist das alles neu und spannend, wie sie die Tiere pflegt und melkt, wie sie im Alpraum nebenan im hölzernen Fass den Rahm zu Butter rührt und wie sie täglich das Vieh aus dem Almstall wieder in die Bergwelt entlässt. Gegen Abend hatte das auf der Alm weidende Vieh wieder im Stall zu sein, diese verantwortungsvolle Aufgabe überträgt sie mir. So steige ich zu den verschiedensten Plätzen der Tannheimer Berge. Von der Judenscharte am Gimpel bis zum Babylonischen Turm an der Köllespitze, vom Wandfuß der Roten Flüh bis hinüber zum Wasserfall am Weg zur Schneetaler Alm. Bei Regen, Sturm und Gewitter bin ich mit dem Fernglas genauso unterwegs wie im Nebel oder in der Nachmittagssonne, um die fünf Kühe abends in die Alm zu treiben. Oft stehe ich an einem Aussichtspunkt, von wo aus ich die in der Ferne aufstrebenden Gipfel der Allgäuer und der Lechtaler Alpen bewundere. In manche Schlucht lasse ich für meine Verhältnisse riesige Steine in die Tiefe poltern und mancher Gamsherde renne ich hinterher, was ist das für ein Spaß! Auf der Hütte erlebe ich ruhige Abende und solche, wo bis auf den letzten Platz alles belegt ist. Wie Menschen einen Abend auf der Hütte gestalten, wie sie musizieren, wie sie auch manchmal grölen, wie sie die Luft in der Gaststube in dicke, rauchgeschwängerte Schwaden verwandeln. Wenn es dann Zeit war ins Bett zu gehen, durfte ich im Zimmer von Frau Kessler schlafen. So erlebe ich neugierig in der schummrig beleuchteten Schlafstatt, wie Frau Kessler sich auszieht und sich wieder anzieht, um sich für den Stall fertig zu machen. Am nächsten Tag wieder neue Erlebnisse, neue Menschen, neue Ankommende, Erholungssuchende, neue Gesichter - die ersten Teller Suppe darf ich zu Gästen auf die Terrasse tragen.

Der 13. August 1961 ist mir in ganz besonderer Erinnerung. Bergsteiger bringen die Bildzeitung auf die Hütte. In großen, schwarzen Lettern lese ich vom Mauerbau in Berlin und spüre dabei, wie dieses brisante, politische Thema die Menschen auch hier oben bewegt, obwohl sie sich doch so weit weg von den Bergen abspielt. „Bricht der III. Weltkrieg aus?“, hatte da in großen schwarzen Lettern auf der Titelseite gestanden. Ich will damit nur sagen, dass auch ich über die Geschichte erschrecke und dass ich mich seitdem für politische Themen interessiere, obwohl ich zu dieser Zeit mit den abstrakten Worten und Begriffen noch nichts anfangen kann.

Der Höhepunkt meines Ferienaufenthaltes ist ein ganz anderer. Es ist der Gimpel Westgrat im Schwierigkeitsgrat IV, den ich mit meinem Vater durchklettern darf. Um den „Mut Johann“ zu bezwingen, muss ich meinem Vater auf die Schultern steigen und die Schlüsselstelle vorklettern. Du meine Güte, von Sicherung hatten wir damals wenig Ahnung - was da alles hätte passieren können! Als kleiner Bub stehe ich eine halbe Stunde später inmitten anderer Kletterer mit stolzgeschwellter Brust auf dem Gipfel des Gimpel.

Durch die geschäftliche Veränderung meines Vaters und dem damit verbundenen Umzug nach Maselheim rücken die Berge weiter weg: Meine Lehre in der Metzgerei

1960 mit dem jüngsten Bruder Siggi auf dem Gimpel.

Bühler in Ochsenhausen, geringer Verdienst und Elternhausbau, all diese Dinge führen dazu.
Erst der Sommer 1966, als die zweite Frau meines Vaters überraschend starb, und mein jüngster Bruder und ich quasi über Nacht für meinen Vater den Haushalt versorgen mussten, führt verstärkt dazu, ein Ventil zu suchen - und das waren nun wieder die Berge mit ihrer ganzen Anziehungskraft. Wir Jugendliche finden uns der extremen Situation ausgesetzt, jetzt mit Vater allein zu sein. Es dauert eine gewisse Zeit, bis wir das Geschehene einigermaßen verarbeiten und die Berge wieder verstärkt zum Mittelpunk unseres Interesses werden; nun klettern auf der Schwäbischen Alb. Wir sind per Autostop unterwegs, mit Freunden, die ein Auto besitzen und mit dem Rad, oft auch mit unserem älteren Bruder Wolfgang. Das autarke Leben ist für uns über Nacht zur Quelle der Selbständigkeit geworden. So erobern wir aus der Enge des Alltags heraus kleine Freiheiten, nach Kletterausflügen zur Schwäbischen Alb folgen die ersten Vierertouren in den Tannheimern, die Gipfel der Allgäuer Alpen, die Gipfel von Montafon und Rätikon. Mit der ersten Fahrt über den Reschenpass hinunter nach Meran und Bozen, hinein in den Rosengarten, in das gewaltige Gebirge der Dolomiten, geht für uns ein Traum in Erfüllung. Besonders die Delagokante und die Überschreitung der Vajoletttürme ist für uns ein Riesenerlebnis. Die Ziele in den Alpen häufen sich nun genauso wie die Übernachtungen auf Berghütten. Ich kann es nicht genau erklären, aber es muss aber ein gewisser Lerninstinkt gewesen sein, der mich all die Hüttenerlebnisse in meinem Kopf hat abspeichern lassen. Wie ist die Lage der Hütte, ist sie sauber, romantisch, kalt, konservativ? Wie wird sie geführt, autoritär, als Selbstbedienungsladen, freundlich, liberal? Wie ist das Essen, reichlich, appetitlich, teuer?
Gerne erinnere ich mich an manchen Abend bei Franz Fischer auf der Tannheimer Hütte, auf der Drei Zinnen- und Zigmondyhütte, auf der Gruttenhütte genauso wie auf der Similaunhütte. Aber auch negative Erlebnisse prägen meine jugendliche Kletterseele. Als Wanderer, Bergsteiger oder Kletterer möchte ich mich besonders nach einer schweren Felstour oder nach einem langen Aufstieg auf einer Hütte zu Hause fühlen, Geborgenheit spüren. In dem Moment wenn ich eine Hütte betrete, erklingt in mir die Melodie meines Kindheitserlebnisses auf dem Gimpelhaus. Gibt es harmonische Klänge oder Dissonanzen, verschanzt sich der Hüttenwirt nur in der Küche oder sitzt er bei den Gästen? Ist er ein Abzocker oder Paragraphenreiter, oder hat er Verständnis, wenn einer seinen AV-Ausweis vergessen hat? Ist es einladend, wenn ein Hüttenwirt in penetranter Weise Macht ausübt, wie ich es im Wilden Kaiser erlebte? Was soll eine verschlossene Türe auf einer Schutzhütte, wenn man nachts verschwitzt und müde ankommt und der Hüttenwirt wegen der Verspätung zur Strafe lediglich den dreckigen Eselstall zum Schlafen zur Verfügung stellt? Oder wenn man - wie in den Ötztaler Alpen - statt in einem Lager vor der Herrentoilette

Auch ein Hüttenwirt mit Leib und Seele: Franz Fischer.

am Boden nächtigen muss? Nur ein paar markante Negativbeispiele, die mir so in Erinnerung geblieben sind: da überkommt einen der Anspruch, es selbst viel besser und menschenfreundlicher zu machen.
Selbst stehe ich ungefähr zehnmal der Situation einer völlig überbelegten Hütte gegenüber, doch jedes Mal gelingt es mir, die Lage zu entschärfen, in dem ich zum Beispiel ein Vierbettzimmer in ein Lager umfunktioniere, um alle Besucher menschenwürdig übernachten zu lassen. In jeder neuen prekären Situation, in der man als Hüttenwirt steckt, befindet sich auch eine dazugehörende Lösung. Ein Hüttenwirt muss fast täglich zahlreichen, außergewöhnlichen Aufgaben gewachsen sein, wenn er seine Sache gut machen will. Seien es Bergungsfälle, wo er Retter sein muss, sei es, dass die Übernachter ihre Schuhe verwechseln oder ihren Geldbeutel verlieren, hier muss er der Heilige Antonius sein. Sei es bei einer überfüllten Hütte, hier muss er Ruhe bewahren, sei es, dass ein Gast ihm sein Herz ausschüttet, hier muss er Psychotherapeut sein, sei es, dass am Transportmotorrad ein Ersatzteil in die Brüche geht, hier muss er Monteur sein, sei es, dass die Stromversorgung defekt ist oder die Wasseraufbereitungsanlage, hier muss er Installateur sein. Auch aktuelle Fragen nach dem Weg zur nächsten Hütte, nach einer bestimmten Kletterroute, nach dem Wetter, nach einem Medikament gegen Kopfweh, müssen zufrieden stellend beantwortet werden. Waren und Material für die Hütte müssen bestellt und der Transport muss organisiert werden, kurzum, innerhalb von fünf Minuten kann es sein, dass ein Hüttenwirt zwanzig Fragen auf einmal beantworten muss, sei es im Hüttenflur oder am Telefon. Das kann durchaus anstrengend sein. In der Regel aber ist es so, das 80 Prozent eines Hüttenwirtlebens Freude macht, in den restlichen 20 Prozent gibt es Ärger durch eigene Fehler, menschliche Enttäuschungen, Sorgen, riskante Situationen bei Bergungen von Verletzten oder Wegzerstörungen und manchmal ist man auch erschöpft von anstrengenden Hauptsaisontagen. Hauptsächlich sind es aber die Begegnungen mit täglich neuen und interessanten Menschen, es sind die Gespräche mit ihnen, die den Tag so spannend machen. Mit einem guten Kumpel eine schwere Route klettern, der morgendliche Weckruf, die Teamarbeit in der Küche, die viel Raum und Zeit einnimmt, das abendliche Musizieren in der Gaststube. Es ist die Gesamtorganisation, die der ständige Begleiter eines Hüttenwirtes in den Alpen ist.
Mit diesem Vorwort möchte ich einen Bogen spannen von prägender, erlebter Kindheit in den Bergen, von eigenen Erfahrungen auf Hütten in den Alpen bis hin zu den Geschichten, die ich im Laufe der letzten 30 Jahre als Hüttenwirt im Wetterstein im Wandel der Jahreszeiten in unvergessenen Tagen und Stunden erlebt habe - im Winter, im Frühling, im Sommer und im Herbst.
Einige der Geschichten sind nun aufgeschrieben zur Erinnerung für euch als Stammgast und Besucher, der ihr an irgendeinem Tag in den letzten 30 Jahren im Wetter-

stein am Stuiben, im Oberrreintal oder auf der Reintalangerhütte zu Gast gewesen seid. Für euch als Freunde und Partner, die ihr mit mir geklettert seid, die ihr mit mir musiziert habt, die ihr mit mir die Riesenarbeit in all den Jahren geteilt, die ihr mich in dieser langen Zeit begleitet habt. Für meine Familie, die stets lange zu Hause hat auf mich warten und verzichten müssen. Danke für die schöne Zeit und gute Unterhaltung beim Lesen!

Nannenbach, 29. März 2009
Charly Wehrle

Winter am Stuiben

Die Mondnacht
zaubert weiche Schatten
in Dome – Grate – Wände.
Am alten Zaun die Latten
tragen Häubchen von Schnee.
Wenn Orion wacht
am Wintersternenhimmel –
uns reicht die fernen Hände.

An einem einsamen Wintertag während der Woche freut man sich über die Gesellschaft der Gemsen.

Wintertag

Es ist bitter kalt. Eisblumen wachsen wie filigrane Kunstwerke an den kleinen, quadratischen Fenstern hinauf. Vor einer halben Stunde war ich noch mit meinen Tourenskiern oben an der Mauerscharte und hatte mich in den letzten Strahlen der Nachmittagssonne gewärmt; hatte betrachtet, wie sie ihre letzten goldenen Bilder an die Spitzen der Gatterlköpfe malte, hatte verträumt zum winterlichen Wettersteinkamm geschaut, zu den fernen, stillen Karen und zur gewaltigen Hochwanner-Nordwand. Mein Blick war ins schattige Oberreintal gegangen, zu den markanten Pfeilern des Doms, zum Eichhorngrat und zu den Zinnen der Dreitorspitzen, ins Reintal zu blaugrauen, kalten Schneeflächen, zu dunklem Wald, der stumm und unberührt auf die nächste Nacht wartet. Am Gipfelgrat des Hohen Gaifkopfes hatten zwei Gämsen nach trockenem Gras gescharrt und in der Dämmerung ließ meine Skiabfahrt durch den unberührten Hang den Pulverschnee aufstieben und wieder in sich zurückfallen.
Vor der Hütte geht mein Blick nach Osten zum Karwendel. Der Vollmond geht über dem Scharfreiter auf und verleiht dem Abend stille Würde. Silbern legt sich das Mondlicht auf die Gipfel des Wettersteins. Mehr und mehr Sterne zeigen sich. Es scheint, als wirke das Universum hier oben am Stuiben gewaltiger als anderswo auf der Welt.
Drinnen in der Gaststube entzünde ich eine Gaslampe, im Ofen knistern Fichtenscheite. Der Wasserkessel beginnt zu summen. Tee mit Rum, ein Butterbrot, ein gutes Buch lesen. Kein einziger Gast ist da. Einsamkeit spüren und aushalten.
Später nehme ich mein Stativ und meinen Fotoapparat mit hinaus in die Stille der Mondnacht, vielleicht gelingen mir ein paar gute Aufnahmen.

Der „Jubiläumgrat“ ist lang, und eine Winterbegehung noch immer eine echte Herausforderung. Sicher und schnell ist die Devise.

Wettlauf

Der Föhn hatte schon unglaubliche sechs Wochen gedauert. Am Nordalpenrand herrschten schönstes Wetter und klarer blauer Himmel, obwohl das Barometer ständig Tiefdruck anzeigte. Föhnlagen sind Tiefdruckgebiete. Jedes Wochenende spuckt die Autobahn zahllose Pkws, aus Richtung München kommend, aus. Scharen von Bergwanderern strömen in das Ammer- und Estergebirge, das Karwendel und den Wetterstein. Die Zugspitzbahn karrt zahllose Besucher auf Deutschlands höchsten Berg. Die phantastische Bergsicht lockt, selbst der Jubiläumsgrat verführt so spät noch zu Begehungen, sein Fels ist völlig schnee- und eisfrei. Der Wetterbericht warnt aber schon seit einiger Zeit, der Föhn könne täglich zusammenbrechen. Vier Bergsteiger, beziehungsweise zwei Pärchen aus München, schlagen die Warnung in den Wind und steigen am letzten Samstag des Novembers 1978 an der Zugspitze in den Jubiläumsgrat ein. Sie sind relativ gut ausgerüstet. Neben Daunenjacken und Schlafsäcken haben sie Biwaksäcke, Stirnlampen, Kletterausrüstung, trockene Kleidung, Essen und Trinken dabei. Vielleicht sind sie gar zu gut ausgerüstet. Ein zu schwerer Rucksack ist schon oft die Ursache für zu langsames Vorwärtskommen gewesen. Nicht umsonst heißt es, Zeit ist Sicherheit. Genau an diesem Tag hätte wahrscheinlich das Schnellsein mehr Sicherheit bedeutet.

Die Schlechtwetterfront nähert sich unaufhaltsam dem Alpenrand, der Föhn zeigt erste Auflösungserscheinungen. Mit Müh und Not erreichen die vier Bergsteiger die Biwakschachtel an der Vollkarspitze, am Sonntagmorgen hüllt sie Nebel ein, und es beginnt zu schneien. Ein Glück, dass die vier noch bis zu der Stelle kommen, wo das Grieskar hinunter ins Gassental führt. Dort entladen sich die mit Feuchtigkeit vollgesaugten Wolken mit aller Gewalt. Im Nu verwandeln sich die grauen Felswände, soweit sie im dichten Nebel noch erkennbar sind, in ein weißes Inferno. Aufkommender Sturm peitscht den Schnee auf die trostlosen Figuren mitten drin im Wetterstein. Nebel, Kälte und Nässe machen sie zu Spielbällen einer erbarmunslosen Natur. Orientierungslos, müde und erschöpft torkeln sie völlig erschöpft das Grieskar hinunter, grobe Richtung Stuibensee. Die Münchner Bergsteiger erreichen am Sonntagnachmittag, mit letzter Kraft den kleinen See, im Sommer ein herrlicher Fleck Erde zwischen dem Hohen Gaif und der Alpspitze. Eines der beiden Pärchen schleppt sich unter Aufbietung der letzten Kraftreserven weiter talwärts Richtung Bernadeinweg, das andere gibt sich mehr oder weniger auf und legt sich völlig willenlos und der Ohnmacht nahe an einem großen Felsblock in den Schnee. Die beiden Bergsteiger sind nicht einmal mehr fähig, ihre trockenen Schlafsäcke aus ihrem Rucksack zu ziehen.

Normalerweise öffnet die Stuibenhütte an Weihnachten. Da die Gebirgsjäger in Mittenwald aber bei mir anfragen, ob sie mit einem ihrer Züge nicht schon Ende November einen Kurzlehrgang abhalten können und ob ich nicht zwei Tage für sie kochen könne, lege ich eben eine Fleißaufgabe ein. Mir kommt die Anfrage gar nicht so ungelegen, denn so kann ich schon einige notwendige Dinge auf die Hütte tragen, auf der ich an Weihnachten meine Laufbahn als Hüttenwirt beginnen sollte. Unter anderem nehme ich auch ein Funkgerät der Bergwacht mit, vor allem aber meine Tourenskier, es hatte ja bis in tiefe Tallagen geschneit.
Am Montagmorgen warte ich also in Klais auf die drei MAN Lastwagen der Mittenwalder Soldaten. Pünktlich um 8 Uhr sind sie da. Über Schloss Elmau, dann die Forststraße hinunter zur Partnachklamm, fahren wir mitten hinein in den Wetterstein, Ziel Umschlagplatz, Stuibenstraße. Hier auf 1000 m Seehöhe liegen ungefähr 30cm Schnee und es schneit weiter, was das Zeug hält. „Alles absteigen!“, es ist die unüberhörbare Stimme und der Befehl von Major Fritz Blaufuß, dem Chef des Gebirgsjägerzuges. Die Feldwebel Sepp Wörnle und Günter Härter sind als Ausbilder dabei. Rasch sind die Rucksäcke gepackt und die Tourenskier angeschnallt. Der Aufstieg zur Hütte ist klar: Die Stuibenstraße entlang bis zum Bernadeinweg und von hier in einer halben Stunde Richtung Westen zur Stuibenhütte. Im Gänsemarsch geht es zügig dahin durch den tief verschneiten Wald, als einziger ohne Uniform falle ich sofort auf. Konditionell kann ich mit den Gebirgsjägern aber locker mithalten. Gegen Mittag erreichen wir die Hütte. 22 Soldaten und ich in meiner Funktion als Koch. Rasch werden die Skier in Reih und Glied an der Hüttenwand aufgestellt, die Rucksäcke in den Schlafsaal gebracht. Zwei Soldaten werden als Helfer eingeteilt, einer öffnet die Hüttenfenster und einer füllt mir die Kochtöpfe mit Schnee, da am Brunnen draußen leider kein Wasser läuft. Eilig schüre ich den Herd an, bis genügend Schnee getaut ist, wird es einige Zeit dauern. Endlich, gegen zwei Uhr am Nachmittag gibt es heißen Tee und eine dampfende Suppe. „Guten Appetit!“, ertönt die militärische Stimme von Major Blaufuß. Eine Weile ist dann nur noch das Klappern der Löffel in den Porzellantellern und das eine oder andere Schlürfen eines Soldaten zu hören.
Noch während die Gebirgsjäger ihre Suppe löffeln, geht fast unmerklich die Türe zur Hüttenstube auf. Herein kommt ein Pärchen, bekleidet mit Daunenjacken, Mützen und Überhosen. Auf den ersten Blick machen sie einen etwas merkwürdigen Eindruck. Ende November, am Montagnachmittag, die Hütte normalerweise geschlossen - eigenartig. Augenblicklich verlangen die beiden nach etwas Warmem zu trinken. Sie bitten auch darum, am warmen Ofen bleiben zu dürfen, wobei ich beobachte, dass die Frau des Pärchens am liebsten auf dem Ofen sitzen würde. „Sie scheint völlig durchgefroren, ja sogar unterkühlt zu sein!“, denke ich bei mir, außerdem schauen beide ziemlich verwirrt. „Wo kommt ihr den her?“, frage ich die

beiden, die seltsam entrückt in Richtung Hüttenfenster schauen. „Von unten vom Wald kommen wir - und da oben sind auch nochmal welche." Sie zeigen dabei mit ihren Händen in Richtung Westen. „Wo oben?", frage ich innerlich alarmiert. „Dort oben! Ich glaube am Stuibensee!", betont die Frau und bekräftigt noch einmal ihre Armbewegung Richtung Westen. Nun ziehe ich Major Blaufuß, Sepp Wörnle und Günter Härter zu Rate. Aber da quillt es schon aus den beiden durchgefrorenen Bergsteigern heraus: „Wir sind am Samstagmorgen in den Jubiläumsgrat eingestiegen und sind am Grieskar in den Wettersturz geraten, erschöpft haben wir noch den Stuibensee erreicht, wir sind weiter gegangen, die anderen müssen noch oben sein!", stottern die etwa 30 Jahre alten Bergsteiger in wirren Stakkatos. Ihre Gesichter haben dabei einen mehr als resignierten Ausdruck. "Vermutlich ist es für die anderen zu spät", schießt es mir in den Kopf. „In dieser Schneehölle jemanden finden?", fragen wir gemeinsam. „Wir sollten es auf alle Fälle versuchen!", ist unsere einhellige Meinung. Hier an der Stuibenhütte liegt gut ein halber Meter Schnee, dann wird es oben annähernd ein Meter sein - und das innerhalb von zwei Tagen. So schnell es geht, legen wir uns einen Plan zurecht, wie wir nun vorgehen wollen. Günter Härter als exzellenter Kletterer, Alpinist und Herresbergführer stellt die zehn stärksten Gebirgsjäger aus dem Zug zusammen. Mit in der Gruppe, Feldwebel und ebenfalls Heeresbergführer Sepp Wörnle. Major Fritz Blaufuß bleibt als Koordinator am Funkgerät hier auf der Hütte. Meine Aufgabe ist es, zuerst die Bergwachtbereitschaft Garmisch-Partenkirchen mittels meines gerade mitgebrachten Funkgerätes zu alarmieren; dann warme Decken, trockene Leintücher sowie kochendes Wasser für Wärmepackungen bereitzustellen. Die vor drei Stunden noch völlig verschlossene Hütte ist plötzlich in hellen Aufruhr versetzt, während draußen das absolute Schneechaos und dichter Nebel die Sicht auf Null sinken lassen. Die Bergwacht Garmisch-Partenkirchen ihrerseits versucht, mit qualifizierten Helfern in den zwischen Alpspitze und Bernadeinspitze gelegenen Klettersteig der Schöngänge einen Aufstieg zum Stuibensee zu finden, während Günter Härter und Sepp Wörnle mit ihren Leuten samt Lawinenausrüstung, Funkgerät und Notfallmedizin von der Hütte aus so schnell wie möglich versuchen, die zwei Bergsteiger zu retten. Sie kennen sich bestens aus, können aber die Westrichtung, in welcher der Stuibensee liegt, auch nur vage ausmachen. Wir auf der Hütte kümmern uns derweil um die anderen zwei Versprengten. Psychisch und physisch versuchen wir sie aufzumuntern, denn in der Zwischenzeit sind die zwei Münchner in allergrößter Sorge, ob ihre Kameraden noch am Leben sind. Fritz Blaufuß empfängt alle 15 Minuten Nachrichten wie: „Sind gut unterwegs, der Schnee ist fast ein Meter tief, melden uns wieder." Es ist die bruchstückhafte Stimme von Günter Härter am Funkgerät. Auch ich empfange an meinem Funkgerät Gesprächsfetzen von der Bergwachtzentrale: „Sind auf dem Weg zu den Schöngängen, vermutlich gibt es dort aber kein Vorwärtskommen, zuviel Schnee, zu gefährlich. Wir kehren wahrscheinlich um!“ Keine zwei Minuten später der nächste Funkspruch: „Die Bergwacht-Zentrale schickt eine andere Mannschaft mit dem Bergwacht-Jeep zum Bernadeinweg.“ Dem scharfen Instinkt und der Geländekenntnis von Günter Härter ist es zu verdanken, dass der Rettungstrupp der Gebirgsjäger fast genau auf den Stuibensee trifft, trotz Nebel und Schnee. Ganz in der Nähe vernehmen sie ein leises Stöhnen, nach einer kurzen Pause noch einmal - und da finden die Soldaten das andere Pärchen, fast zugeschneit, völlig entkräftet, fast leblos im Schnee liegend auf ihren Rucksäcken.

Günter Härter und Sepp Wörnle schauen ihnen in die Augen, da sind kaum mehr Reflexe, nur noch ein wehrloser Blick und ein Röcheln kommt ihnen entgegen. Es ist fünf Minuten vor zwölf, in ein, zwei Stunden wäre das Bergsteigerpaar für immer eingeschlafen. „Major Blaufuß von Stuibensee - Bitte kommen!“ - „Hier Stuibenhütte – Major Blaufuß – Kommen“ - „Haben die Bergsteiger gefunden – Beginnen mit Herrichten der Hiblerpackungen, melden uns wieder.“ Wolldecken, zusammengefaltete Leintücher und das kochende Wasser aus den Thermoskannen zu zwei Hiblerpackungen hergerichtet, sind jetzt lebensrettend. Das heißt: Das kochende Wasser wird in die Lamellen eines zusammengefalteten Leintuchs gegossen, sozusagen als Wärmespeicher. Dieser Speicher wird dem Unterkühlten direkt auf den nackten Brustkorb gelegt, um ein weiteres Absinken der Kerntemperatur des Körpers zu verhindern. Zugleich wird der Unterkühlte mit einer warmen Decke so eingehüllt, dass die zugeführte Wärme nicht mehr entweichen kann, wichtig ist dabei, dass am Hals des Verletzten ein nach innen gefalteter Kragen gebildet wird. Dem eingewickelten Körper wird nun noch als dritte Hülle und Wärmegarant eine Rettungsdecke hinzugefügt. Dieses vom Farchanter/Garmischer Bergwachtmann und Bergführer Hans Hibler entwickelte Verfahren hat schon vielen Lawinenverschütteten und Unterkühlten das Leben gerettet. Auch dieses Pärchen hat von Hans Hiblers Erfahrungen als Bergwachtmann und Physiotherapeut profitiert. Während die beiden Heeresbergführer Günter Härter und Sepp Wörndle fachmännisch die Hiblerpackungen den Erschöpften anlegen, bereitet der andere Teil des Rettungstrupps zwei provisorische - aus Tourenskiern zusammengebaute - Pflugschlitten zum Abtransport der beiden völlig Entkräfteten vor. So rasch wie möglich werden die Geborgenen auf die zwei Schlitten geschnürt, dann geht es auch schon hinunter ins Gassental. Zwei Mann hinten als Bremser, zwei vorne zum Ziehen im flachen Gelände, so bewegt sich der Rettungstrupp hinunter Richtung Bernadeinweg, wo schon der Jeep der Bergwachtbereitschaft Garmisch-Partenkirchen warten würde. Tatsächlich dauert es nicht lange, bis wir hier auf der Hütte den Funkspruch von der Bergwacht empfangen: „Sind mit dem Jeep am Bernadeinweg.“ „Ok- die Vermissten vom Stuibensee sind gefunden!“, antworte ich erleichtert in mein Funkgerät. Auch das Pärchen auf der Hütte hört die Nachricht, dass ihre Freunde noch am Leben sind. Die Beiden sind so glücklich und beruhigt, dass sie zunächst in einen augenblicklichen Tiefschlaf fallen. Auch unter uns macht sich Erleichterung breit, vor allem ist es für mich mit zwei geretteten Leben doch ein schönerer Start in mein Hüttenwirtsleben. Die beiden in den Tiefschlaf Gefallenen müssen wir leider aufwecken. Sie werden über Funkspruch gebeten, ebenfalls zum Bergwacht-Jeep zu kommen, um mit den Geborgenen zusammen ins Krankenhaus nach Garmisch-Partenkirchen gebracht zu werden. Mit einem großen Dankeschön verabschieden sich die zwei Münchner, begleitet werden sie von einem Gebirgsjäger, der den Weg kennt.

Als die Retter vom Stuibensee auf der Hütte eintreffen, gebe ich erst einmal etliche Maß Freibier aus, für die Retter - aber auch für uns, die wir auf der Hütte ausgeharrt haben und als Dank für den gewonnenen Wettlauf gegen den Erschöpfungstod. Mein erster Abend auf der Stuibenhütte dauert recht lange und ist mir bis heute unvergesslich.

Im Garmischer Krankenhaus derweil geht der Wettlauf in dramatischer Weise weiter. Bei den beiden Geretteten vom Stuibensee wird eine historische Kerntemperatur von 23 Grad Celsius, also 14 Grad Körpertemperatur zu wenig gemessen. Mit weiteren Hiblerpackungen und mit künstlich erzeugtem Fieber, ausgelöst durch Schlangengift, kann die Temperatur langsam angehoben und stabilisiert werden. Insgesamt geht dieser Bergrettungsfall, bei dem alle Umstände zum glücklichen Verlauf eingetroffen sind, in die medizinischen Annalen ein, als ein medizinisches Wunder. Nach einigen Tagen im Krankenhaus werden die Bergsteiger vom Stuibensee entlassen. Zuhause verloren sie lediglich ihre Finger- und Zehnägel, die aber bald wieder nachgewachsen sind. Einige Zeit später erreicht mich noch ein Dankesbrief derjenigen, die völlig verstört am Nachmittag auf die Hütte gekommen waren. „Es ist alles gut verlaufen, wir sind alle wieder gesund. Beim nächsten Mal werden wir aber bestimmt besser auf das Wetter achten. Danke Charly!"

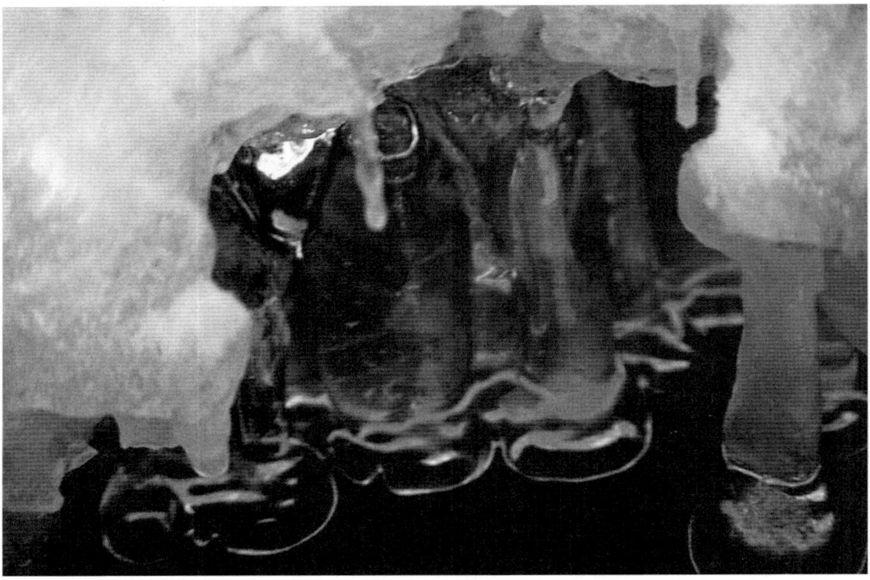

Schneeschmelzen gehört im Winter zum Alltag auf der Hütte. Dabei lernt man den Wert des Wassers erst so richtig zu schätzen.

Kein Wasser

Die meisten von uns haben in unseren Breiten im Winter schon einmal Schnee zu Wasser getaut, also Wasser in seine gewöhnliche, flüssige Form zurück verwandelt. In anderen Ländern, wo es keinen Winter gibt, wird Wasser künstlich gefroren und als Eiswürfel in exotischen Getränken - wie etwa Whisky Cola oder My Thai - wiederum zu Wasser. In arktischen Gegenden ist es normal, dass Schnee geschmolzen wird für Trinkwasser, Tee, Kaffee, vielleicht sogar für die eine oder andere Bettflasche. Beim Winter- und Expeditionsbergsteigen gehört ein Benzinkocher zur Grundausrüstung, um im Biwak für die nötige Flüssigkeitszufuhr zu sorgen, um Eis und Schnee zu einem wohlschmeckenden Getränk aufzubereiten; ein Stück Geborgenheit kommt dann von ganz alleine.

Ich will die Geschichte über das Wasser in meinem ersten Winter als Hüttenwirt erzählen, vom Winter auf der Stuibenhütte im Wetterstein 1978/79. Das Wasserdesaster beginnt schon im Oktober 1978. Ein russisches Festlandhoch bringt die sprichwörtlich sibirische Kälte ohne eine einzige Flocke Schnee. Die Kälte wird zwar durch lang andauernden Föhn abgelöst, doch in den Mulden und Senken des Stuibenhanges bleibt der Boden dennoch gefroren und schattig, außerdem gibt es wochenlang keinen Regen, der die Quellfassung unterhalb des Hohen Gaifkopfes auch nur um einen Tropfen hätte auffüllen können. Erst Ende November gibt es ausgiebig Schnee, der Boden darunter bleibt aber hart, so dass späteres Tauwasser oberflächlich abgeleitet wird; die Wasserfassung bleibt in diesem Winter hoffnungslos leer. In den Tagen vor Weihnachten, als ich schon alles für die Saisoneröffnung in der kleinen Skihütte hergerichtet hatte, schaue ich vergeblich in die Öffnung des schwarzen Wasserschlauches am Brunnen. Kein Glucksen, kein Geräusch von Wasserspritzern oder dergleichen. Meine Verzweiflung wächst, gleichzeitig aber auch mein Nachsinnen über eine Notlösung des Wasserproblems. Einen Hubschrauber der Bundeswehr für eventuelle Wasserkanister, die den Wassernotstand am Stuiben ein wenig abmildern würden, konnte ich erst Ende Januar erwarten. So mache ich mir einen Plan, wie ich wohl dieses gravierende Hindernis angehen könnte. Um meine Stimmung aufzuhellen, beginne ich zuerst den schlichten Christbaum, den ich in der Gaststube aufgestellt habe, zu schmücken. Zu meiner Zeit hatte der Christbaum, ein Fichtenbäumchen aus dem nahen Wald, stets den selben Platz in der Hütte, nämlich im südlichen Eck in der Gaststube zwischen den beiden Fenstern, die am Tag einen herrlichen Blick ins winterliche Oberreintal und auf den Stuibenhang bieten. Wein richte ich her, den Ofen mache ich klar, die Lager beziehe ich mit frischen Laken, das Klopapier für das Freiluftklo unten an der Stuibenmauer fülle ich auf, kurzum - ich bereite für meinen

Start als Hüttenwirt alles nach bestem Wissen und Gewissen vor, die Tage zwischen Weihnachten und Dreikönig versprechen sehr lebhaft zu werden. Ein Handy für eventuelle Reservierungen gibt es noch nicht, maximal ein Gespräch pro Tag am Funkgerät mit Karl Eitzenberger oder Toni Grüner in der Bergwachtzentrale Garmisch-Partenkirchen. Ein neuer Hüttenwirt, die Neugierde auf mich ist groß. Gut so. Am Morgen des Heiligen Abend treffen die ersten Besucher ein, Christl Vögele, Jimmy Bösenecker, Andi Sprunck, Siggi Thomasch mit seinen beiden Töchtern Sonja und Doris, Günter Härter, Hannes Dengg, Herbert Gruber aus Nürnberg und mein Freund Richard Maier aus Aachen, der die meisten Stuiben- und Oberreintalhüttenwirte der vergangenen Jahre vertreten hatte und die Szene am Stuiben kennt wie kein anderer. Außerdem ist er als Heizungs- und Elektroingenieur ein glänzender Techniker und Improvisator. Ihn konnte ich an den Herd stellen, Getränke verkaufen und die Kasse verwalten lassen, somit hatte ich ein wenig freie Hand und dies war wichtig. Im Ofen prasselte ein gemütliches Holzfeuer und verbreitete wohlige Wärme. Die Töpfe am Herd waren voll gepfropft mit Pulverschnee, um Wasser zur Verfügung zu haben, wenigstens für den Nachmittagskaffee.

Meine Idee, mit Pickel und Schaufel mit Hammer, Meißel und Messer der Wasserfassung zu Leibe zu rücken, teile ich Richard mit. Ich will unbedingt wissen, ob wirklich gar kein Wasser im schwarzen Plastikschlauch der Quellfassung rinnt oder läuft. Vielleicht haben wir Glück, also machen wir uns auf den Weg dorthin, wo unter einem Brunnentrog die Wasserfassung vergraben ist und die dazugehörende Wasserleitung. Schon bei den ersten Pickelhieben merken wir, dass diese Aktion ein mühsames Unterfangen wird. Beim Aufhacken fliegen die hart gefrorenen Bodenstücke nur so weg, gut, dass ich eine Skibrille aufhabe. Schon bald komme ich ins Schwitzen, gut dass Richard dabei ist und wir uns beim Aufpickeln abwechseln können. Nur mühsam kommen wir vorwärts, doch endlich sind wir in der Nähe des schwarzen Plastikwasserschlauchs. Für die letzten Zentimeter nehme ich Hammer und Meißel um den Schlauch nicht zu beschädigen. Dabei trifft mich der Hammer so empfindlich an meinem hinteren Daumengelenk, dass es sogleich fürchterlich anschwillt und mir die Tränen in die Augen treibt. Aber dafür finde ich den schwarzen, eingegrabenen Hartgummischlauch in einer Tiefe von einem halben Meter, was mir einen Jubelruf entlockt. Jetzt gibt es für uns kein Halten mehr. "Lass mich mal ran", meint Richard und nimmt gleichzeitig den Pickel, um den Schlauch besser freizulegen. Mit einem Taschenmesser schneiden wir ihn dann durch und siehe da, ein kleines Rinnsal tröpfelt aus dem Schlauch und lässt mich meine Schwellung an der linken Hand vergessen. Wenn wir nun noch ein Loch für einen 30 Liter Plastikkanister vorbereiten könnte, um das Rinnsal darin aufzufangen, dann wäre unser Experiment gelungen, dann hätten wir vielleicht pro Tag 30 Liter wertvollstes Wasser zur Verfügung, um im Behälter in der Hütte den Pulverschnee

Schnee kann hart sein wie Beton - Muskelkater ist vorprogrammiert.

mit Quellwasser anzureichern. Gesagt getan! Bald ist das Loch für den Kanister vorbereitet. Wir müssen jetzt nur noch mit Skiern und Steigfellen zur Wasserfassung aufsteigen und den vielleicht vollen Kanister hinunterziehen zur Hütte. Tatsächlich läuft der blaue Plastikbehälter täglich einmal voll. Mit dieser Methode hatte ich eine erste Barriere glanzvoll gemeistert und weiß seitdem, wie wertvoll Wasser ist. Meine Situation hatte sich nun ein wenig gebessert. Nun muss ich nur noch eine große Schneefläche um die Hütte mit einem Seil markieren, um sicherzustellen, dass kein nächtliches Pinkelwasser in meine Schmelzanlage gelangt. In meinem ersten Winter als Hüttenwirt müssen die zahlreich erscheinenden Gäste ganz und gar auf Waschwasser verzichten, nur zum Zähneputzen gibt es einen Becher Wasser. Viel wichtiger war guter Kaffee und heißes Wasser zum Nudeln kochen. In dieser Zeit lerne ich mit Notwendigkeiten und mit Enttäuschungen umzugehen, ich werde zum Experimentierer, zum Forscher, lerne hartnäckig zu sein und manche Dinge auch gelassen zu sehen.

Was meinen Schmelzwasserspeicher in der Hütte betrifft, gibt es in diesem Winter zwei markante Zwischenfälle. Es ist kaum zu glauben: Zwei Tage vor Silvester erlauben sich ein paar Besucher eine besondere Dreistigkeit. Nicht nur, dass sie einen Kasten Bier aus der Küche ins Freie schleppen, nein - am Ostgiebel der Stuibenhütte entfachen sie auch noch ein Lagerfeuer, sodass die Funken nachts durch das offene Fenster in den kleineren, der beiden Hüttenschlafräume, also in den Garmischer Schlafraum hinein fliegen. Ein Gast klopft an meine Zimmertür und stammelt aufgeregt: "Draußen brennt ein Lagerfeuer, die Funken fliegen in den Schlafraum." Ich traue meinen Ohren nicht und stürze ins Freie, geradewegs auf das Feuer zu. Völlig überrascht von meiner plötzlichen Gegenwart springen fünf junge Männer auf und suchen das Weite. Zurück in der Hütte leere ich das restliche Wasser der Zisterne in große Eimer und renne wieder hinaus zum Lagerfeuer. Zwei große Wasserschwälle aus den Kübeln löschen die Flammen. Danach gibt es mit den Herren ein ernsteres Gespräch, das sie bestimmt bis heute nicht vergessen haben. Am nächsten Morgen werden die Feuermacher außerdem für ein paar Stunden zum Schneetauen eingeteilt.

Später in der Saison gibt es mit dem Schmelzwasser noch einen anderen, für die Gäste eher heiteren Zwischenfall. Das Nirosta-Wasserbecken der Stuibenhütte befindet sich zwischen Herd und der eigentlichen Gaststube. Ein Deckel mit Scharnieren schützt das Wasser vor Verschmutzung und dient gleichzeitig als Ablage für Küchengeschirr. Rechts am Wasserbecken ist eine Art von Klappablage angebracht, die hochgeklappt wird, wenn es viel Geschirr gibt. Durch eine bewegliche Latte wird die Ablage gestützt. Der Zwischenfall löst eine sogenannte Kettenreaktion aus. Samstagabend, die Hütte fast voll, wenige Sitzplätze, die Klappablage ist in Betrieb in Erwartung von viel Geschirr. Ein Gast setzt sich versehentlich auf die Ablage: die Abstützlatte fällt - die Ablage ebenfalls - das Geschirr splittert - das Wasserfass kippt - das Wasser stürzt - fast 100 Liter Schmelzwasser ergießen sich in die Gaststube - Filzpantoffeln schwimmen - Teppiche saugen sich voll - der Hüttenwirt ist angesäuert, und das wertvolle Schmelzwasser ist zum zweiten Mal verloren gegangen.

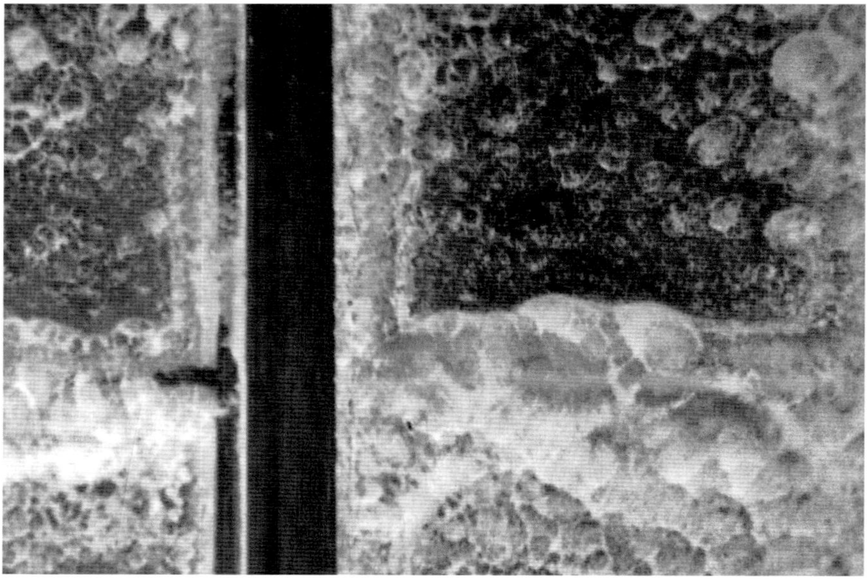

Während des eisigen Sturms gefrieren die Fenster so sehr, dass man nicht mal mehr hinausschauen kann. Dafür sehen die gefrorenen Strukturen umso interessanter aus.

Sturmnächte

Weihnachten, Silvester und Dreikönig - die turbulenten Tage des Wintersaisonbeginns am Stuiben sind vorbei. Ein neuer Tag mit über 30 cm Neuschnee ist angebrochen. Er hat dem vollkommen verspurten Stuibenhang einen völlig neuen Anstrich gegeben. Das Geäst der Bäume im nahen Wald und der Zaun an der Stuibenmauer tragen Schneehauben, genauso wie das schlichte Plumpsklo, genannt „schönstes Nebengebäude Europas". Und es schneit immer noch. Januar - Hochwinter.

Im fünften Winter bin ich schon am Stuiben. Die Januartage sind schon immer still gewesen, nur an den Wochenenden kommen Gäste. Heute, am Montag, bin ich völlig alleine. Im Gegensatz zu 1979, meinem ersten Winter, bin ich an die Einsamkeit gewöhnt. Es gibt ja die Hütte und die Natur, mit der man richtig zu leben lernt. Zur Unterhaltung lese ich Bücher, oder ich höre im Radio Bayern 2.

Bis Donnerstag soll es schönes Wetter geben, die Aussichten für das Wochenende sind schlecht. Tatsächlich klart es gegen Abend auf, der Stuibenhang lockt mich. Doch in der Dämmerung ist es alleine besser, auf der Hütte zu bleiben, also verschiebe ich den Aufstieg auf morgen früh. Schon um 8 Uhr lege ich durch den Tiefschnee eine Aufstiegsspur, eine Traumwinterlandschaft umgibt mich. Es ist noch nicht einmal so kalt, minus 8 Grad schätze ich. Über dem vor mir in der Tiefe liegenden Reintal zieht ein Steinadlerpärchen seine majestätischen einsamen Bahnen, immer wieder hatte ich in den vergangenen Wintern beobachten können, wie Steinadler Jagd auf junge Gamskitze machen, wenn sie an vom Wind blank gefegten Bergkämmen entlang tollen oder ihren Eltern hinterher rennen. Am Mauerschartenkopf raste ich ausgiebig und wechsle mein verschwitztes Hemd gegen ein Trockenes. Nach links fällt mein Blick ins schattige Reintal mit seinen riesigen Wänden und fernen Karen. Rechts davon zieht mich der winterliche Gaifgrat in seinen Bann, mehr aber noch die Alpspitze. Makellos steht sie als Schneepyramide mitten im Wetterstein. Über mir spielt übermütig eine Schar Dohlen, sie warten vielleicht auf ein wenig Futter von mir. Drüben am Osterfelderkopf ist inzwischen der Lift in Betrieb, einzelne Skifahrer sehen von der Ferne aus wie Ameisen. Mit nichts und mit niemandem möchte ich diesen Moment hier oben tauschen, kein Lärm, keine Zivilisation, nur Stille. Fantastisch lässt es sich heute im Tiefschnee fahren, ein Bogen am anderen, wie im Bilderbuch, nur ist eben der Hüttenhang zu kurz. Über die Mittagszeit schalte ich das Radio ein, dabei spricht der Wetterbericht von einem herannahenden Sturmtief, im Anschluss an dieses momentane Zwischenhoch. Nachmittags steige ich noch zweimal hinauf zu den bescheidenen Gipfeln am Stuiben, am Abend bewohne ich erneut alleine die kleine Skihütte am Stuibenplateau. Ein gemütliches Feuer zünde ich mir an und schon bald summt das Wasser im Teekessel. Wenn mich heute jemand fragt, was mich in meinem Leben wirklich geprägt hat, dann muss ich sagen, es waren die einsamen Wintertage am Stuiben mit allem was dazugehört. Wind, Wetter, Gemütlichkeit, Einsamkeit, warme Stube, Kälte, alles elementare Dinge, körperlich spürbar.

Heute ist Donnerstag. Auch den gestrigen Tag hatte ich völlig alleine verbracht. Schon am Vormittag taucht der Erhard Otto auf. Ich freue mich wie ein kleines Kind, jemanden zu sehen. Wir machen zusammen Brotzeit und genehmigen uns ein Weißbier. Zu zweit steigen wir am Nachmittag zur Mauerscharte hoch. Hinter der Alpspitze tauchen tatsächlich schon die ersten Wolken auf, in kurzer Zeit zieht es völlig zu. Mit Schwung hinein in den Stuibenhang, jeder kann nach Lust und Laune seinen Skiern freien Lauf lassen.

Bald darauf prasselt im Herd das Feuer, nichts geht über einen gemütlichen Kaffeeklatsch mit einem Stück übrig gebliebenen Stollen. Besonders dann, wenn es draußen sichtbar ungemütlich wird. Die Barometernadel scheint ins Bodenlose zu fallen. Der Deutsche Wetterdienst hat eine Sturmwarnung herausgegeben mit Orkanböen mit bis zu 180 kmh. Schon beginnt es leicht zu schneien, ungeduldig treibt ein auffrischender Wind die Schneeflocken vor sich her. Am Hüttenvordach fülle ich noch die beiden Holzkisten für drinnen auf, an die leeren Bier- und Limonadenkisten, die jeden Winter auch bei meinen Vorgängern immer am selben Platz gestanden hatten, denke ich leider nicht. Bis jetzt war das auch nicht nötig. Am Abend - bei einer Flasche Rotwein - spielt Otto anrührend auf seiner Zither, dazwischen erzählt er mir seine Stories von den Parsennfahrten der Sektion Garmisch-Partenkirchen in früheren Zeiten. Der Wind nimmt jetzt tatsächlich immer mehr zu, doch hält sich sein Heulen noch in Grenzen, sodass wir ohne weiteres einschlafen können. Plötzlich aber am frühesten Morgen, so gegen zwei Uhr, ein Krachen, Klirren und Poltern. „Mein Gott, die Bierkisten!“, schießt es mir durch den Kopf.

Zu spät. Ich springe regelrecht aus meinem Bett und schaue mit der Taschenlampe nach draußen. Mit nicht gekannter Wucht fällt mich der inzwischen zu einem Schneesturm angewachsene Wind an und zeigt mir, wer draußen Herr der Lage ist. An Schlaf ist jetzt nicht mehr zu denken, alles scheint in Bewegung zu sein. Im Lichtkegel meiner Taschenlampe sehe ich wie Schneefahnen gegen die Fenster peitschen, in jede Ritze der Schindeln pfeift der Orkan. Um die Stahlseilverankerungen, die Lebensversicherung der Stuibenhütte im wahrsten Sinne des Wortes, haben sich dicke Eiskrusten gebildet, wie ein wild gewordenes Tier zerrt und reißt der rasende Sturm daran. Auch Otto ist längst wach geworden, zu zweit bringen wir mitten in der Nacht von draußen das restliche Leergut in den Hüttenhausgang, dabei müssen wir wohl oder übel über ein riesiges Scherbenmeer von zerbrochenen Flaschen steigen, von den dazugehörenden Kisten ist weit und breit nichts mehr zu sehen. Im

Noch herrscht die Ruhe vor dem Sturm.

nahen Stuibenwald werde ich sie am Ende des Winters wieder finden. Ehrfürchtig vor der drohenden Natur suchen wir wieder unser Lager auf und horchen geborgen unter warmen Wolldecken dem wütenden Orkan zu, vielleicht können wir doch noch mal einschlafen. Am Morgen rast der Orkan in unverminderter Intensität weiter, das Radio meldet von der Zugspitze Windgeschwindigkeiten bis zu 200 km/h. Sämtliche Lifte und Bahnen bleiben sicherheitshalber geschlossen, bei diesem Wetter verlässt sowieso niemand seine warme Stube. Und wir? Wir wären von der Außenwelt völlig abgeschnitten, wenn wir nicht das Funkgerät hätten, mit dem ich mich mit Toni Gruner in der Bergwachtzentrale verständigen kann. „Wir werden erst bei Wetterbesserung die Hütte verlassen!", erkläre ich ihm. Und er teilt mir aus dem Bergwachtbüro mit, aufgrund massiver Schneeverfrachtungen herrsche überall in den Bergen höchste Lawinengefahr!
Auch über den Freitag hinaus nimmt der Sturm nicht im mindesten ab, ab und zu tobt eine Windhose über den Stuibenhang. Der Neuschnee von vorgestern ist längst verblasen über alle Berge. Auch in der folgenden Nacht können wir nur dem Stöhnen und Krächzen der hölzernen Hüttenwände zuhören, und auch am Samstag brüllt der Sturm, als hätten ihn alle guten Geister verlassen. Um das Naturschauspiel zu Gesicht zu bekommen, müssen wir zur Hüttentüre, denn sämtliche Fenster sind von einer dicken Eisschicht überzogen, von einer Sicht nach draußen kann schon längst keine Rede mehr sein. Erst am Sonntagmorgen spüren wir, dass der Winterorkan um eine Spur nachlässt, am späten Vormittag schnallen wir - eingemummt in Mütze, Anorak, Überhose und Handschuhe - unsere Tourenskier an und versuchen drüben die Bernadeinabfahrt zu erreichen. Vorher aber verständigen wir das Bergwachtbüro in Garmisch-Partenkirchen. Es dauert nicht lange, bis wir zu den ersten Hindernissen gelangen. Kreuz und quer liegen abgebrochene und entwurzelte Fichten auf dem Weg ins Tal. Wir sind völlig nassgeschwitzt, als wir endlich bei der Skiabfahrt ankommen. Kein Wunder, dass der Stuibenhang bis auf eine Eiskruste völlig blank gefegt ist; hier am Bernadeinhang liegen riesige Mengen von Triebschnee, teils weich, teils windgepresst; auf jeden Fall nicht so, dass an ein zügiges Aufsteigen zum Hochalmsattel zu denken ist. Erst nach zwei Stunden ist der Aufstieg hinter uns, nach weiteren eineinhalb Stunden Abfahrt über die vereiste Kandaharstrecke sind wir erst im Tal, wo uns fast Windstille empfängt. Beim Aufsteigen zum Hochalmsattel waren wir einer Zinkbadewanne und auch einer Aluleiter begegnet, beides müsste von der Münchner Bergwachthütte gewesen sein. Wie wir einen Tag später erfahren, hat der Orkan oben an der Osterfelder Bergstation das komplette Werkstattdach abgedeckt und zertrümmert. Riesige Waldflächen, hauptsächlich im Reintal, wurden durch dieses Naturereignis vernichtet. Auch vom Ammergebirge bei Griesen werden gewaltige Waldschäden gemeldet. Erst als ich am Montagnachmittag wieder zum Stuiben hochkomme und die Hütte von außen nach Schäden absuche, bemerke ich,

dass das Firstblech an der Westseite des Hüttendaches ungefähr einen Meter nach hinten gebogen ist. Ansonsten entdecke ich nichts. Kompliment an die schlichteste und schönste Skihütte, die es gibt. Und morgen werde ich im Stuibenwald auf die Suche nach den leeren Kisten gehen …

„Mancher Abend am Stuiben ist fast eine Droge.“
Ausgelassene Stimmung auf der Stuibenhütte: Am Samstag vor Rosenmontag geht es traditionsgemäß hoch her.

Stuibenfasching

Franz Fischer war kein Kind von Traurigkeit. Als erster hauptamtlicher Hüttenwirt der Stuiben- und Oberreintalhütte hatte er im Winter 1934 - am Samstag vor dem Rosenmontag - den Stuibenfasching eingeführt. Seitdem ist er ein feststehendes Datum im Ablauf einer Wintersaison.

Der Faschingssamstag 1979 am Stuiben ist mir als einer der schönsten in Erinnerung. Mein Freund Richard Maier, schon von der Aktion mit dem eingefrorenen Wasser bekannt, ist wieder mit von der Partie. Über Fasching klinkt er sich als Teilhaber einer Heizungsbaufirma stets für ein paar Tage aus. Richard, Frohnatur und Autorität in einer Person, ist für mich der geborene Barkeeper. Für mich ist von Anfang an klar, eine Bar muss in den Hüttenraum, zumindest für den einen Samstagabend, dem Höhepunkt des Stuibenfaschings. Doch ohne Getränke keine Bar. Sekt, Kirschlikör, Whisky, Apfelkorn, Obstler, kein einfaches Unterfangen am Stuiben, kein Zufahrtsweg, keine Materialseilbahn. Hie und da ein Hubschrauber der Bundeswehr. Kurzum, wir müssen uns auf unsere eigenen Kräfte verlassen. Am Morgen des unsinnigen Donnerstag, schnallen wir also unsere Tourenskier an und fahren ab ins Tal. Bald sind die Drinks besorgt, an der Kreuzeckbahntalstation verstauen wir die Kostbarkeiten in unsere Rucksäcke, was keinen Platz findet, nehmen wir in Schachteln verstaut in der Seilbahn mit zum Kreuzeckhaus, wo wir ein kleines Depot einrichten. In acht Minuten erreicht die damals noch alte Kreuzeckbahn die Bergstation. Hier hieven wir unser schweres Gepäck aus der Bahn, die restlichen vollen Flaschen im stabilen Karton bringen wir zu Franz Tulzer, dem damaligen Pächter des Kreuzeckhauses, gerne dürfen wir unser kleines Depot da lassen. Nach einer Tasse Kaffee machen wir uns wieder auf den Rückweg zum Stuiben. Am Schiweg zur Hochalm zweigt der Bernadeinweg ab. Seit es die Stuibenhütte gibt, dient der Bernadeinweg als Zugang dorthin, im Sommer wie im Winter. Erst seit es die Osterfelderbahn an der Bernadeinabfahrt gibt (1972), wird der Weg nicht mehr so frequentiert. Dennoch hat der Weg von seinem Zauber nichts verloren, vor allem im Winter; man muss schon einigermaßen Skifahren können, besonders mit einem schweren Rucksack, der das Tempo verschärft oder wegnimmt, je nach Schnee- und Spurbeschaffenheit. Mit einem normalen Rucksack braucht man vom Kreuzeck zum Stuiben ungefähr 1,5 Stunden. Den Weg kann man in vielfältigen Variationen erleben: gespurt, ungespurt, gefroren, aufgeweicht, lawinengefährlich, verschneit. Das erste, etwas flachere Stück führt vorbei an einer Felsnadel (Campanile), zuletzt geht es leicht abschüssig hinein in eine kleine Senke. Ein kurzer steiler Anstieg ist dann der Beginn einer lang gezogenen flachen Linkskurve. Hie und da schauen Büsche heraus, ein paar

nackte Bergahorn und vor allem Birken. Sonst sind die Hänge restlos zugeschneit. Im Bernadeinweg herrscht völlige Stille, je nach Wetterlage ist manchmal das Aufschlagen von Liftbügeln vom Hexenkessellift am Kreuzeck zu hören. Öfters sind auch die kehligen Laute von Dohlen oder Raben zu hören. Der Blick nach Osten weitet sich hin zum Estergebirge und zum Karwendel, nach oben verlieren sich die Hänge in Buschwerk und einzelnen Felsen. Die flache Linkskurve führt direkt hinein in die Schlüsselstelle des Bernadeinweges, in ein etwa 80 Meter langes Steilstück, das am unteren Ende in eine 90° Rechtskurve mündet. Das berühmt berüchtigte Eck trägt den schönen Namen Birkenkurve. Richard und ich wissen Bescheid und sind mit unseren schweren Rucksäcken besonders vorsichtig, um nicht über die Kurve hinauszuschießen, hinein in grundlosen Tiefschnee. Manch einer der zahlreichen Stuibengeher ist hier schon gestrandet und hat sich nur mühsam wieder zurück in die Skispur manövrieren können. Nur ab und zu hören wir unsere vollen, schweren Flaschen im Rucksack, wie sie aufeinanderstoßen. Hinter der Birkenkurve verflacht sich der Weg mehr und mehr und führt durch Fichtenhochwald zu einer Lichtung. Hier steht die romantische Bernadeinhütte der akademischen Alpenvereinssektion München. Ein schöner Ort zum Verweilen. Wir schnallen unsere Felle auf unsere Tourenskier und laufen nun meist durch Hochwald, einmal wird die Bernadeinabfahrt überquert, hinüber zur Felsmauer, auf der sich dem Skispringer auf einer Schanze gleich, die Stuibenhütte befindet.
Völlig nass geschwitzt erreichen Richard und ich die Hütte. Donnerstag Spätnachmittag, über dem Karwendel wird es schon langsam dämmrig, da und dort sind am wolkenlosen Himmel die Kondensstreifen einzelner Flugzeuge zu sehen.
Trockene Kleider verschaffen uns schnell ein angenehmeres Körpergefühl, und während ich den Herd einschüre, schichtet Richard die wertvolle Fracht aus unseren Rucksäcken. Heute sind wir ganz allein und können ungestört unsere Bar aufbauen. Die einfachsten Mittel helfen uns, die Nordecke des Gastraumes in eine romantische Bleibe zu verwandeln. Als Vorhang verwenden wir weißblau karierte Leintücher, um die Holzwände zu dekorieren Fotos alter Kalender und Illustrierten. Für schummriges Licht hängen wir eine Petroleumlampe an die Decke. In meinem winzigen Schlafgemach hatte ich schon vor längerer Zeit, verpackt in einer Holzkiste, bunte Papiergirlanden gefunden, wohl die alljährliche Faschingsdekoration für die Hüttenstube. Richtig heimelige Atmosphäre ist zu spüren, obwohl nur Richard und ich da sind. „Darf es ein Helles sein, Richard - zur Feier des Tages?" Richard trinkt kein Weißbier, nur Helles, keinen Schnaps, und ab und zu ein Glas Rotwein. „Schaut gut aus, unser Ballsaal!", stellt Richard fest. „Und morgen früh holen wir die restlichen Getränke am Kreuzeck", füge ich zufrieden hinzu.
Der Stuibenball könnte eigentlich beginnen, doch es ist ja erst Freitagabend und das ist auch gut so, denn nichts ist wichtiger, als ausgeschlafen an die Arbeit zu gehen

oder sich ins Vergnügen zu stürzen. Das Radio meldet für den Faschingssamstag schönes, aber sehr kaltes Winterwetter. In der vergangenen Nacht waren es schon minus 15° gewesen. Am Morgen zeigt sich der schneeweiße Alpspitzgipfel glutrot von der aufgehenden Sonne. Um 9 Uhr beginnt der Liftbetrieb auf der Bernadeinpiste. Mit dem Fernglas schaue ich zwei, dreimal zur Abfahrt hinüber, einige kostümierte Skifahrer sind schon unterwegs. Vergnüglich hören wir hier oben am Stuiben die Verkehrsmeldungen. Stau auf allen Autobahnen, wie stressfrei ist es da auf einer kleinen Berghütte, keine Abgase, kein Lärm. Allerdings wird sich das bald gründlich ändern. Mittags treffen die ersten Maskierten ein. Scheiche und Wilddiebe, Clowns und Robin Hoods. Im Laufe des Nachmittags füllt sich die Hütte. Frauen mit schönen Hüten und exotischen Dekolletés, Narren mit bunt gestreiften Hemden, Männer mit karierten Sakkos und Knickerbockerhosen, Mädchen in bunten Strumpfhosen, Musikanten mit Gitarren und Zugposaunen, Bergsteiger als Alpinisten aus grauer Vorzeit verkleidet. Die Stuibenhütte verwandelt sich in ein einziges Knäuel, Rucksäcke stapeln sich, Skischuhe liegen kreuz und quer auf einem Haufen, nasse Kleider hängen zwischen Steigfellen über dem Ofen. (1979 gibt es den Anbau noch nicht, auch keine Wasserleitung zum Wasserbecken). Blauer Zigarettenqualm zieht durch die Hüttenstube, Wasserdampf mischt sich mit Kaffeearoma, Schweinsbratenduft mit dem süßlichen Geschmack gebratener Zwiebeln. Richard als Seemann verkleidet in der Bar, bewirtet seine ersten Gäste, und seine Freundin Dorit als Pippi Langstrumpf, hilft ihm beim Ausschenken. Hauptsächlich wird Kirschlikör und Whisky verlangt, aber auch Sekt, Obstler, Baileys und Apfelkorn werden geordert. Manch einer der Barbesucher verliert den Überblick über was, wieviel und mit wem er trinkt. Richard führt gewissenhaft die Getränkeliste. Bezahlt wird vor der Rückfahrt ins Tal. Das kann morgen sein, übermorgen oder in drei Tagen. Vor der Hütte stapeln sich immer mehr Tourenskier, drum herum ein Gewirr von Skistöcken. Schon der erste Blick darauf zeigt, dass die Hütte brechend voll ist. Gut, vielleicht hätte ich doch reservieren lassen sollen, immerhin fast die Hütte normalerweise nur 60 Leute, aber das wollte ich einerseits nicht, andererseits bin ich völlig überrascht vom zahlreichen Besuch. Nur gut, dass ich im Improvisieren nicht der Schlechteste bin. Hinzu kommen noch die im Extremfall bekannten körpereigenen Notreserven. Ich erinnere mich bestens an diesen Abend. Die Stimmung ist super, jeder fühlt sich wohl. In abwechselnder Besetzung spielt die Hüttenmusik mit Rudl Brunner, Hubert Bredl, Siggi Thomasch, Thomas Eitzenberger, Josi Zollner und Wiggerl Klopfer auf ihren Quetschkommoden. Hannes Dengg - vulgo Bummerer - zupft sich die Finger an seiner Gitarre wund. Nachmittagskaffee, Abendessen und Fasching gehen nahtlos ineinander über. Bummerer Hannes hält eine Büttenrede, dass es kracht, Jimmy Bösenecker tanzt mit einer rothaarigen Dame, Lydia legt einen Fast-Striptease hin und Josef Zollner senior wacht an der Bar mit gnadenlosem „Vaterinstinkt“ über seine schönen, flügge gewordenen Töchter. An den Tischen fließt das Weißbier in Strömen, und an der von der Decke hängenden Stammtischglocke wird manchmal sogar mit Hilfe des Kletterhammers Maß um Maß eingeläutet. Draußen im Gang und im Treppenhaus sind Pärchen zusammen, knutschen und kuscheln fröhlich miteinander. Um 22 Uhr kommen immer noch Gäste, ein paar fahren wieder ab, weil es ihnen zu eng ist. Zu vorgerückter Stunde schnallen einige noch ihre Tourenskier an und steigen im fahlen Mondlicht zur Mauerscharte auf, sie wollen im herrlichen Pulverschnee eine Nachtabfahrt zur Hütte genießen. Wie so oft, wenn die Stimmung am Siedepunkt anlangt, gibt es einen unvorhersehbaren Zwischenfall. Thomas Eitzenberger, einer der Nachtschwärmer, vergisst sich bei der Hüttenzufahrt zu bücken und fährt mit offenem Mund in eines der stählernen Spannseile, mit denen das Hüttendach abgesichert ist. Für einige bange Momente ist er bewusstlos, wie durch ein Wunder sind seine Zähne heil geblieben, dafür hat er vom linken bis zum rechten Ohr einen eindrucksvollen roten Striemen. Gott sei Dank hat ihn das Seil nicht am Hals erwischt, sonst wäre der Stuibenfasching wahrscheinlich gelaufen gewesen, doch so steuert der Abend weiteren Höhepunkten zu. Bummerer Hannes läuft zur Hochform auf und heizt mit schier unnachahmlichen Gesangsmoritaten auf seiner Gitarre den Festgästen weiter ein. Selbst seine Hamburger Mitstudenten, die ihm auf den Stuiben gefolgt sind, reißt er mit. Getanzt wird hauteng und auf Teufel komm raus, im Nu ist es 2 Uhr morgens geworden, dann erst wird es einen Deut leiser in der Hütte. Aber die Kondition der meisten Stuibennarren will einfach nicht nachlassen. Für mich ist an Schlaf eh nicht zu denken, stattdessen wechsle ich von der Bar an den Stammtisch und lausche den Liedern von Bummerer Hannes. Seiner „Diplomatenjagd", dem Lied vom „Pater Gabriel", dem „Buam, de Gschicht hot a Gwoit" und seinem „Mariechen saß auf einem Stein, warum denn nicht auf zweien", und so weiter. Dieser Stuibenfasching, damals war ich 29 Jahre alt, also genau vor 30 Jahren, ist für mich deshalb so unvergesslich, weil er erstens mein erster Fasching unter meiner Regie ist, und zweitens, weil es so ungemein locker und unbeschwert zugeht. Von Müdigkeit keine Spur, ich habe das absolute Durchhaltevermögen. Mancher Abend am Stuiben ist fast wie eine Droge.

Um 5 Uhr morgens gönne ich mir doch noch zwei Stunden Schlaf, bevor ich Kaffee vorbereite und den Weckruf auf dem Hackbrett spiele. An großes Aufräumen ist nicht zu denken, nur die Tische säubere ich so weit wie möglich, denn Bummerer Hannes sitzt immer noch am Stammtisch und einige Freunde um ihn herum, nicht mehr so frisch, ganz klar. Am Faschingssonntag lasse ich mich für ein paar Stunden vertreten, um wenigstens ein paar Stunden Schlaf nachzuholen, nachmittags bin ich wieder fit. Die Hütte ist jetzt nicht mehr ganz so voll, ein großer Schwung Gäste ist ins Tal abgefahren. Ein paar neue sind gekommen unter ihnen, Werner Bittner, genannt Mack. Werner Bittner ist sicherlich in den sechziger Jahren einer der

besten deutschen Alpinisten gewesen, neben der Matterhorn- und der Große Zinne-Nordwand war ihm - mit einer Dame namens „Daysi Voog" im Schlepptau - die Eiger Nordwand gelungen (Erste Damenbegehung!). Mack hat seinen Flugdrachen dabei und will, wenn es die Verhältnisse zulassen, morgen vom Gipfel der Alpspitze zur Kreuzeckbahntalstation hinunterfliegen.
Der heutige Abend am Stuiben verläuft gemütlich. Zu Essen gibt es lediglich die Reste von gestern oder aber die Gäste haben ihre eigene Brotzeit dabei. Mit Mack, Siggi Thomasch und Werner Hornemann spiele ich Schafkopf, die Hamburger um Hannes und ein paar Einheimische sitzen im westlichen Eck der Hütte. Stefan Beulke und Christl Vögele, Jimmy Bösenecker, Andy Sprunck, Sepp Grasegger, Herbert Gruber und Amadeus Henke bevölkern den Stammtisch. Sollte ich je eine Raucherlunge diagnostiziert bekommen, dann stammt diese gewiss aus den Zeiten vom Stuiben und Oberreintal, vom dortigen exzessiven Passivrauchen.
Gut, dass wir morgen am Rosenmontag unsere Lungen wieder auslüften können, wir wollen gemeinsam mit Werner Bittner zur Alpspitze, ihm beim Drachenschleppen helfen. Das Schwierigste an diesem Unterfangen ist, die Drachenstangen, an denen das Fluggerät aufgespannt wird, über die verschneiten Steilstufen an der Stuibenmauer hinunter und über den steilen, unteren Teil des Alpspitz-Ostgrates hinaufzubringen. Bei wärmeren Temperaturen sicherlich problemloser, aber heute sind es abermals -10°, das heißt auf der Alpspitze sind es mindestens -15°. Bald erreichen wir über das Gassental und das Oberkar den Ostgrat der Alpspitze.
Bummerer Hannes und Gottfried haben ihre Gitarren nebst ein paar Flaschen Bier und Wiggerl Klopfer sein Akkordeon dabei. Im Ostgrat treffen wir auf einige andere Skitourengeher. Stefan Beulke und ich schleppen die Hauptlast von Werner Bittners Drachen, zwei Steilstufen sind so vereist, dass wir gezwungen sind, zu klettern. Wir müssen höllisch aufpassen, um an dem steilen Grat nicht rechts oder links hinunterzustürzen. Uns durch den Schnee wühlend, kommen wir acht Mann dem Gipfel näher. Ein glasklarer Tag beschert uns ein gewaltiges Gipfelpanorama. Die Sicht reicht von den Tannheimerrn bis zum Karwendel und vom Wetterstein bis nach München. Unter den Klängen von Akkordeon, begleitet von zwei Gitarren, helfen wir Mack beim Drachen zusammenbauen. Es ist so beißend kalt, dass uns die Finger am Metallgestänge festzufrieren drohen. Und dann stockt uns wirklich kurz der Atem, Mack ist beim Start in Abfahrtsposition. Bekleidet mit Skihose, Daunenjacke, Mütze und Filzhandschuhen schießt er mit Skiern und Drachen über den Alpspitz Osthang hinaus, unter sich die Alpspitze Nordwand und die eiskalte Winterluft, hinüber zur Kreuzeckbergstation, wo er unseren Blicken entschwindet und von hier auf kürzestem Wege zur Talstation fliegt - und das alles bei -15°!
Derweil geschieht auch am Gipfel der Alpspitze Bemerkenswertes. Von der Zugspitze herkommend, also über den winterlichen Jubiläumsgrat, durchbrechen

sechs Winterbergsteiger mit ihrem Eispickel eine Wechte, die uns den Blick auf den Jubelgrat versperrt. Bummerer Hannes, die Schlagfertigkeit in Person, fragt freundlich: „Wollt's ihr a Bier?" Der erste von den Sechsen schaut ihn an, als ob ihn jemand auf den Arm nehmen wollte. Doch Hannes setzt nach: „Dös is koa Witz-wir sind extra von der Kurverwaltung Garmisch-Partenkirchen angestellt, um die Winterbegeher des Jubiläumsgrates mit Musik zu empfangen und sie bei Ankunft auf der Alpspitze mit Bier zu versorgen." Daraufhin nehmen die sechs Kletterer drei von unseren vollen Flaschen und schauen noch ungläubiger aus der Wäsche, als unsere Musikanten tatsächlich anfangen zu spielen. Dabei müssen die Finger der Gitarristen ständig angehaucht werden, damit sie nicht an den Saiten festfrieren. Doris Thomasch übernimmt diese Aufgabe mit Bravour. Wir amüsieren uns köstlich. Die Bergsteiger verstehen Spaß und erzählen, dass sie wegen des vielen Schnees schon seit drei Tagen am Jubelgrat unterwegs sind. Nach einer solchen Tour denkt man nur noch an das ersehnte Ziel. Umso größer war das Erstaunen, als nach Durchbruch der Wechte zum Alpspitzgipfel bei Schnee und Kälte ein Empfangskomitee mit Musikkapelle auftaucht und „Erfrischungsgetränke" anbietet. So etwas habe man noch nicht erlebt und man werde die Kurverwaltung Garmisch-Partenkirchen in bester Erinnerung behalten... Gemeinsam stoßen wir mit den Alpinisten auf eine gelungene Tour an. Daraufhin laden wir sie zum Rosenmontag auf den Stuiben ein. Der Gipfelhang beschert uns anschließend eine Superabfahrt und der Abend am Stuiben eine weitere lange Nacht.

Ein würdiger Empfang für die Helden vom „Jubelgrat".

Noch ahnt keiner etwas von dem eisigen Schrecken, der später allen in den Gliedern stecken wird. Die Teilnehmer des Heeresbergführer-Lehrgangs freuen sich auf eine traumhafte Tiefschneeabfahrt unter blauem Himmel und strahlender Sonne.

Ein sonniger Märztag

„Guten Morgen, Herr Major! Melde: Es ist kurz vor 6 Uhr. Temperatur minus 8 Grad Celsius. Keine Bewölkung." Das Zeichen zum Aufstehen. Major Josef Anzenberger erwidert noch etwas schläfrig den Morgengruß des Soldaten. Hauptfeldwebel Erwin Hinterstraßer, der neben ihm im Lager liegt, nestelt im Dunkeln nach seiner Stirnlampe. „Guten Morgen, Herr Hinterstraßer! Wird a scheener Tog heit!", ertönt es in reinstem Anzenbergerisch im Schlafsaal. Spätestens jetzt ist die gesamte Leitung des Heeresbergführer-Lehrgangs wach. Neben Major Sepp Anzenberger und Hauptfeldwebel Erwin Hinterstraßer, sind das Hauptmann Gunter Heerdegen, Feldwebel Sepp Wörnle (Vere), Feldwebel Kurt Müller (Hamperer) und der Koch Christian.
Im großen Schlafsaal, in dem die Heeresbergführer-Aspiranten untergebracht sind, beginnt zügiges Aufstehen. Beim Heeresbergführer-Lehrgang ist Disziplin gefragt. Die Ausbildungsleitung achtet während des einjährigen Lehrgangs nicht nur streng auf den Lernerfolg, sondern auch auf das Einhalten von Benimmregeln. Ein jeder Teilnehmer des jährlich stattfindenden Lehrgangs gibt sein Bestes und versucht, ein guter Schüler zu sein.
Nach kurzer Zeit ist Christian, der Koch, am Herd der Stuibenhütte. Bald prasselt das Holzfeuer und das Kaffeewasser beginnt zu Dampfen. Draußen am Brunnen stehen die Soldaten in einer Warteschlange, alle nur mit Trainings- oder Turnhose bekleidet. Jeder Teilnehmer will zuerst an das eiskalte Wasser, das nur schubweise aus dem schwarzen Brunnenschlauch prustet. Manchem dauert das Warten zu lange und kurz entschlossen bewirft er seinen nackten Oberkörper mit noch kälterem Pulverschnee und reibt sich damit ab. So ein Schneebad, das erfrischt richtig! Bei Christian gibt es eine Tasse warmes Zahnputzwasser. Dann kann der Tag beginnen.
Ein herrlicher Tag! Während im Osten das Isartal noch unter einer leichten hellgrauen Nebeldecke liegt, wirft die Morgensonne bereits ihre ersten Strahlen auf den makellos weißen Osthang der Alpspitze und lässt sie in einem majestätischen Rot erscheinen. Bald wird die Sonne wie ein Feuerball über dem Karwendel auftauchen, dann wird es auch an der Stuibenhütte gemütlich warm.
Drinnen in der Stube hat der Küchendienst vier der sechs Tische gedeckt. Um 7 Uhr gibt es Frühstück. „Guten Morgen, Männer! Um 8 Uhr ist Abmarsch zur Alpspitze! Aber erst amol lasst' es eich schmecka!" Major Sepp Anzenberger hatte schon immer ein Gespür für Atmosphäre und für eine gewisse Gemütlichkeit, genauso wie seine „rechte Hand", Hauptfeldwebel Erwin Hinterstraßer. „Jawohl, Herr Major!", antwortet der Hörsaaldienst. Dann ist nur noch das Klappern der Porzellantassen und des Bestecks zu hören. Ein wohliger Kaffeegeruch zieht durch die Hüttenstube.

Frühstück. Zu der Heeresbergführer-Leitung, die traditionell am Stammtisch sitzt, haben sich noch ein paar Zivilisten gesellt. Auch diese wollen den schönen Tag ausnutzen und eine Skitour zur Alpspitze unternehmen. Natürlich wird mit dem Heeresbergführer-Lehrgang gemeinsam gegangen. Zwischen den Teilnehmern, der Sektion Garmisch-Partenkirchen, welcher die Stuibenhütte gehört und den zivilen Skitouristen ist das Verhältnis ausgesprochen gut, nicht nur, weil sich der Lehrgang im Laufe der Jahre viele Verdienste im Oberreintal und auf der Stuibenhütte erworben hat. Auch heute morgen entwickelt sich zwischen den Lehrgangsteilnehmern und den normalen Skitouristen ein anregendes Gespräch. Es geht um Schneeverhältnisse und um alte Geschichten aus dem Oberreintal und dem Stuiben. Aber auch lebhafte politische Diskussionen hat es bei der Runde am Stammtisch immer wieder gegeben.

Über den Morgenkaffee ist es halb acht geworden. Der eine oder andere streicht sich noch schnell eine Scheibe Brot. Dann ist es Zeit, den Rucksack für die heutige Tour zu packen. Manch einer der Lehrgangs-Teilnehmer fragt mich, ob ich die bevorstehende Tour zur Alpspitze mitmachen will. Irgendwie verspüre ich schon Lust, aber der richtige Antrieb fehlt mir noch. „Ich komm später nach, wenn es wärmer wird", antworte ich. Jedoch legt sich aus unerfindlichen Gründen meine Antriebslosigkeit nicht mehr, obwohl völlig unverspurte Tourenhänge bis zur Alpspitze hinauf locken. Ich werde nicht alleine in der Hütte zurück bleiben, Major Anzenberger erwartet wichtigen Besuch, der mit der Bell-UH-1 D eingeflogen werden soll und Christian, der Koch, hat Vorbereitungen für das Abendessen zu treffen. Also sind wir zu dritt, die in der Hütte bleiben.

Um 8 Uhr steht die Truppe – ausgestattet mit der nötigen Skitouren-Ausrüstung und in Begleitung einiger Zivilisten – bereit. Noch ein paar Anweisungen vom Chef, dann setzen sich alle in Richtung Stuibenmauer in Bewegung. Wir, die Zurückbleibenden, beobachten, dass der Pulk nach etwa 200 m an der Stahlseilverankerung der Stuibenmauer anhält. Die nun folgende Steilpassage, eine ziemlich unangenehme, heikle Stelle hinunter ins Gassental, muss jeder einzeln, mit Rucksack und Skiern auf dem Rücken, abklettern. Einer nach dem anderen verschwindet in der Tiefe.

Dann ist Stille. Nirgendwo habe ich Stille intensiver empfunden als am Stuiben. Als ob man in einem Boot sitzt, in einem Meer von Bergen und es herrscht Flaute. Kein Lüftchen weht, und es ist angenehm warm. Ich helfe Christian beim Abwasch, reinige den Hüttenboden und den Flur. Danach nehme ich ein Buch und setze mich auf den Holzstoß an der Südseite der Hütte. Josef Anzenberger und Christian gesellen sich zu mir. Sonnencreme und Brille nebst Kopfbedeckung sind gerade in der Märzsonne enorm wichtig, denn die Gefahr eines Sonnenstiches ist im Frühjahr besonders groß. Zu dritt sitzen wir also auf dem Holzstoß, genießen den herrlichen Vorfrühlingstag, schlürfen die eine oder andere Tasse Kaffee und vertiefen uns in unsere Lektüren.

Drüben im Gassental wird der Heeresbergführer-Lehrgang wieder sichtbar. Im Gänsemarsch sieht man ihn gemächlich in Richtung Bernadeinspitze spuren und dann Richtung Oberkar unterhalb der Alpspitze. Bequem können wir per Fernglas die Tour mitverfolgen. „Vielleicht hätte ich ja doch mit mitgehen sollen, statt hier herumzusitzen, oder ich könnte auch jetzt noch losgehen, der Rucksack wäre schnell gepackt, die Skier im Nu angeschnallt und ich bin gut trainiert," denke ich bei mir. Doch heute ist irgendwas in mir stärker - und ich gebe diesem starken Gefühl nach. Inzwischen ist der Lehrgang etwas unterhalb der Bernadeinspitze angelangt und biegt nun langsam ins Oberkar ein. Schon bald stehen die ersten auf der Alpspitzschulter, dort, wo der Ostgrat zum Gipfel hinauf ansetzt. Die olivgrünen Uniformen der Soldaten heben sich deutlich vom kristallenen Schnee ab. In etwa einer Stunde wird die Gruppe am Gipfel der formschönen Alpspitze sein. Auch am Ostgrat bleiben die Männer zusammen. Zu Beginn dieses Grates ist es erst einmal unangenehm steil, bevor eine schmale Passage zu einer Stahlseilversicherung führt. Hier beginnt wieder eine steilere Zone, die nach und nach in den flacher werdenden Gipfelhang hineinführt. Blauer wolkenloser Himmel lässt das Gipfelkreuz der Alpspitze schon von weitem in der Sonne glänzen, keine einzige Skispur stört den makellosen Osthang. Das wird eine pfundige Tiefschneeabfahrt, denkt jeder der achtzehnköpfigen Gruppe, fünfzehn Soldaten und drei Zivilisten.
Wir drei auf der Hütte sitzen draußen auf dem Holzstoß, das Fernglas an den Augen. In dem Moment passiert es: Schon ist der Alpspitzgipfel in greifbarer Nähe, der Erste der Soldaten beginnt die letzten 100 Meter des Osthanges zu queren, da bricht unter dem Führenden der gesamte Gipfelhang als 1,5 Meter hohes und 100 Meter breites Schneebrett ab. Obwohl es zwischen uns und dem Alpspitzgipfel ungefähr zwei Kilometer Luftlinie sind, spüren wir den eisigen Schrecken, der den Heeresbergführern und den Zivilisten in die Glieder fährt, wir sehen, wie sie abrupt stehen bleiben und den unter ihnen hinabdonnernden riesigen Schneemassen nachschauen, im Wissen, dass sie äußerst knapp einer Katastrophe entgangen sind. Mit geballter Wucht schießt die Schneewalze durch das Oberkar der Alpspitze und jagt über den Abbruch der Schöngänge hinaus. Erst am Rande der Skipiste, die von den Osterfeldern herunterführt, bleibt sie liegen. Einige Minuten bleiben die Männer da oben auf engstem Raum beisammen, bauen ein Skidepot und stapfen dann weiter bis zum Gipfel. Wir, die wir das Geschehen mit dem Fernglas beobachten, sind wie gelähmt. Besonders mir wird es mulmig. Denn wäre ich noch losgegangen, wären die riesigen Schneemassen im Oberkar mein Grab geworden.
Es ist bestimmt nicht schwer zu erraten, was in den Leuten dort oben an der Alpspitze in diesen dramatischen Sekunden innerlich vor sich geht, als direkt Beteiligter ist es ein gewaltiger Adrenalinschub, der durch den Körper rast, doch ist man in Aktion und kann so das Geschehene schneller verdrängen. Uns, als indirekte Zuschauer und

Zeugen des Schneebrettabrisses, packt genauso der eisiger Schreck, packt genauso der Adrenalinausstoß. Als Zuschauer jedoch erleben wir den Schock in passiver Weise und können ihn damit wesentlich langsamer verarbeiten.
Mit der Tiefschneeabfahrt über den Alpspitz-Osthang wird es heute leider nichts. Erst nachdem Hauptfeldwebel Erwin Hinterstraßer mit seinen Mannen wieder über den Ostgrat der Alpspitze abgestiegen ist, können sie die Tourenskier anschnallen und am Rande des zerfurchten Oberkares abfahren, hinein ins Gassental wo herrlicher Pulverschnee doch noch für eine kleine Entschädigung sorgt. Freudig begrüßen wir die der Katastrophe Entkommenen und am Abend feiern wir kräftig deren „Wiedergeburt".

Abfahrt im Tiefschnee.

Frühling im Reintal

Ebereschen, Buchen, Birken
brechen auf in frischem Grün,
strahlen hin zu blauem Himmel.
Im Felsenkar
Lawinenkegel liegen dar,
der Partnachursprung tief darunter,
Vögel zwitschern wie Geläute,
Frühling wird es heute.

Der Frühling kommt! Der Schnee im Bachbett verfärbt sich langsam von schneeweiß zu silbergrau. Überall dröhnen Lawinen in die Tiefe, die Natur befreit sich mit aller Gewalt vom Winter.

Frühlingstag

Es ist Mai. Daheim im Allgäu ist schon Frühling. Der Birnbaum beginnt in seiner ganzen Fülle zu blühen. Stare sitzen auf ihren Kästen und zwitschern – Vivaldi.
Ich setze mich ins Auto und breche auf ins Reintal im Wetterstein. Die neue Saison beginnt. Der Abschied vom Hof, von meiner Familie, fällt mir schwer. Der Abschied vom Frühling, vom Birnbaum.
Am Umschlagplatz sind die Bäume noch kahl, aber bereit zum Aufbruch. Bis kurz hinter die Bockhütte kann ich mit meiner 250er Yamaha fahren, dann ist Schluss. Nasser, knietiefer Frühjahrsschnee liegt wie Blei auf dem Reintalweg. Weiter oben liegen riesige Lawinenstriche wie Trutzburgen im Weg. Es wird warm. Wasserfälle beginnen von der Reintal-Südseite zu plätschern. Oben im Talschluss ist noch Winter, tiefster Winter. Über den Gatterlspitzen hängen bedrohlich dunkle Wolken. Der Wetterbericht heute Morgen war gut, außer dass einzelne Gewitter über den Bergen gemeldet sind. Ob das Wasser der Partnach schon fließt? Ohne Wasser kein Strom – ohne Strom kein Licht in der Hütte, keine Heizung.
Im Inneren der Hütte ist es eiskalt. Dachlawinen türmen sich auf der Terrasse, hinten im Hof liegt noch mindestens ein Meter Schnee. Das Bachbett vor der Hütte und die Gebetsfahnen sind noch völlig zugedeckt von durchnässtem Schnee, nur einzelne, trockene Geröllflecken sind zu sehen und kein Tropfen Wasser. Die Wolken am Gatterl verfinstern sich und plötzlich wird es warm. Windstöße überfallen den Fichtenwald und die noch laublosen Ahornbäume. Ein Frühlingsgewitter bricht los und es beginnt in Strömen zu regnen. Es ist ein Schauspiel ohnegleichen. Riesige Wasserfälle reißen Schneeflanken mit in die Tiefe. Vom Vollkar, vom Hohen Kamm und vom Kleinen Wanner dröhnen zerstörerische Lawinen in den Abgrund. Nichts mehr von der Beschaulichkeit eines Vorfrühlingtages im Reintal! Die Natur ist in Aufruhr, als ob sie mit Gewalt das Winterkleid abschütteln wolle. Bergfinken und ein paar Dohlen leisten mir beim Schneeschaufeln auf der Terrasse Gesellschaft. Mein Blick fällt auf die Partnachbrücke gleich hinterm Winterraum. Ich trau meinen Augen nicht. Der Schnee im Bachbett beginnt sich zu verfärben. Von einem Schneeweiß in ein Silbergrau Zentimeter um Zentimeter. Am Partnachursprung ist der Siphon im Inneren des Berges übergelaufen: Wasser!
Der Kreislauf beginnt von Neuem, Jahr für Jahr. Das Bachbett füllt sich, fast unbemerkt, ruhig, leise Melodie: Adagio. Wird zum Bach, rauscht: Allegro. Schwillt an bei Gewitter: Crescendo. Wird wieder zum Rinnsal: Largo. Metamorphose eines Bergbaches mitten im Wetterstein. Aber jetzt im Mai beginnt die Zukunft, das Leben auf der Hütte. Bergfrühling und Aufbruch.

Tschernobyl

Der 26. April 1986 gilt als der Tag, an dem sich nicht nur die zweitschwerste Nuklearkatastrophe, sondern auch gleichzeitig die zweitschwerste Umweltkatastrophe aller Zeiten ereignet hat. Es war der Super-GAU, die Explosion des Atomreaktors in Tschernobyl.

Grundlegende Mängel in der Konstruktion des Reaktors, sowie Planungs- und Bedienungsfehler während eines Versuchs, den Reaktor herunter zu fahren, schaukeln sich auf und bewirken die Kernschmelze und damit den Super-GAU. Große Mengen an radioaktivem Material werden dabei in die Luft geschleudert und verteilen sich hauptsächlich über die Region nordöstlich von Tschernobyl, aber auch über viele Regionen Europas. Die Atomkraftwerkbetreiber in ganz Europa spielen den extrem gefährlichen Unfall sofort herunter, doch die ersten Fernsehberichte sprechen eine deutliche Sprache.

Wir sitzen am Abend des 26. April 1986, es ist Samstag kurz vor acht, ahnungslos vor dem Fernseher. Charlott Krause, Heinz Danzberger, Thomas Ruegg und ich warten auf die Tagesschau. Es ist der letzte Abend im Tal. Morgen werde ich Pächter der Reintalangerhütte. Und da die Sondermeldung: „Ein Atomkraftwerk in der Sowjetunion ist explodiert." Langsam sickern immer mehr Nachrichten durch, wir alle sind schockiert. Nachdem ich meine Sprache wieder gefunden habe, rufe ich ziemlich erregt in das Wohnzimmer: „Das ist ja dann ein GAU", worauf Heinz Danzberger noch erhitzter antwortet : „Das ist kein GAU, das ist ein Super-GAU." Dann Schweigen, die Blicke richten sich nur noch auf den Bildschirm. Weltuntergangsstimmung. Den Rest des Abends diskutieren wir.

Am nächsten Morgen die gleichen Schlagzeilen in der Presse: „Super-GAU in Tschernobyl". Das Ausmaß der Verstrahlung ist noch nicht bekannt. Die Verunsicherung unter der Bevölkerung ist riesengroß, auch unter uns vieren.

Dabei müssen wir heute im Reintal beginnen, den Weg frei zu machen, sechs riesige Lawinenstriche versperren den Weg zur Hütte. Und am 18. Mai wollen wir eröffnen. Wir rufen Elektroingenieur Franz Hoffmann an, meinen Nachfolger als Baumpflanzer im Oberreintal, er solle doch gleich heute noch einen Geigerzähler mitbringen. Ingenieur Hoffman lässt sich nicht lange bitten und bringt das Gerät mit. Noch während wir mit der Motorsäge die ersten Quader aus den Lawinen sägen, misst Franz Hoffmann mit dem Geigerzähler die Radioaktivität. Wir sind entsetzt: Normalerweise herrscht im Hochgebirge stets eine gewisse Radioaktivität, doch heute schlägt der Geigerzähler aus, als wäre er ein lebendiges Etwas, er rattert regelrecht und er schlägt zeitweise bis zum Anschlag aus. An einem kleinen Transistorradio hören

wir abends Nachrichten. Wir sind erschüttert über das Ausmaß der Atomkatastrophe, vor allen Dingen wird immer deutlicher, dass nicht nur die weitere Umgebung des explodierten Reaktors radioaktiv verseucht ist, sondern auch die Gefahr besteht, dass - je nach Wetterlage und Wind - große Teile Europas vom radioaktiven Fallout in Mitleidenschaft gezogen werden können. Was heißt da „können“, wenn der Geigerzähler bis zum Anschlag ausschlägt. Wir haben Angst, uns beim Arbeiten auf den Lawinen mit radioaktivem Staub zu verseuchen. Was bleibt uns aber anderes übrig, als mit Mütze, Sonnenbrille und Handschuhen auf den Lawinen zu arbeiten und uns abends gründlich zu waschen?
Immer wieder wird gemeldet, dass weite Teile Nordskandinaviens ganz erheblich kontaminiert seien. Tatsächlich ist es so, dass sich die Wolken von der Ukraine (damals Teil der Sowjetunion) her mit dem radioaktiven Fallout zunächst nicht nur über weite Teile Europas verteilen, sondern über die ganze nördliche Halbkugel. Der Südosten Bayerns, also der Alpenraum, ist das am stärksten belastete Gebiet Deutschlands mit 74kBQ/qm-Cs-137. Besonders in der Schweiz werden sehr hohe Becquerelzahlen gemessen. Hauptsächlich in Seen ist die Radioaktivität unverhältnismäßig hoch. Wild, Beeren und Pilze nehmen die Radioaktivität in hohem Maße auf. Wir tun gut daran, uns jeden Abend gründlich zu waschen, doch wieviel Becquerel wir letztendlich aufnahmen, wissen wir bis zum heutigen Tage nicht. Um die Reintalangerhütte und auch weiter unten an der Blauen Gumpe hat es im Herbst schon immer viele Pilze gegeben: Steinpilze, Blutreizker, Ziegenbärte, Butterpilze und Pfifferlinge. Bis heute - und seitdem sind 24 Jahre vergangen - habe ich keinen einzigen mehr davon gegessen. Tatsächlich werden auch jetzt noch im Süden Deutschlands sowohl bei Wildschweinen als auch bei Beeren und Pilzen zehnmal höhere Kontaminationen gemessen als im Norden.

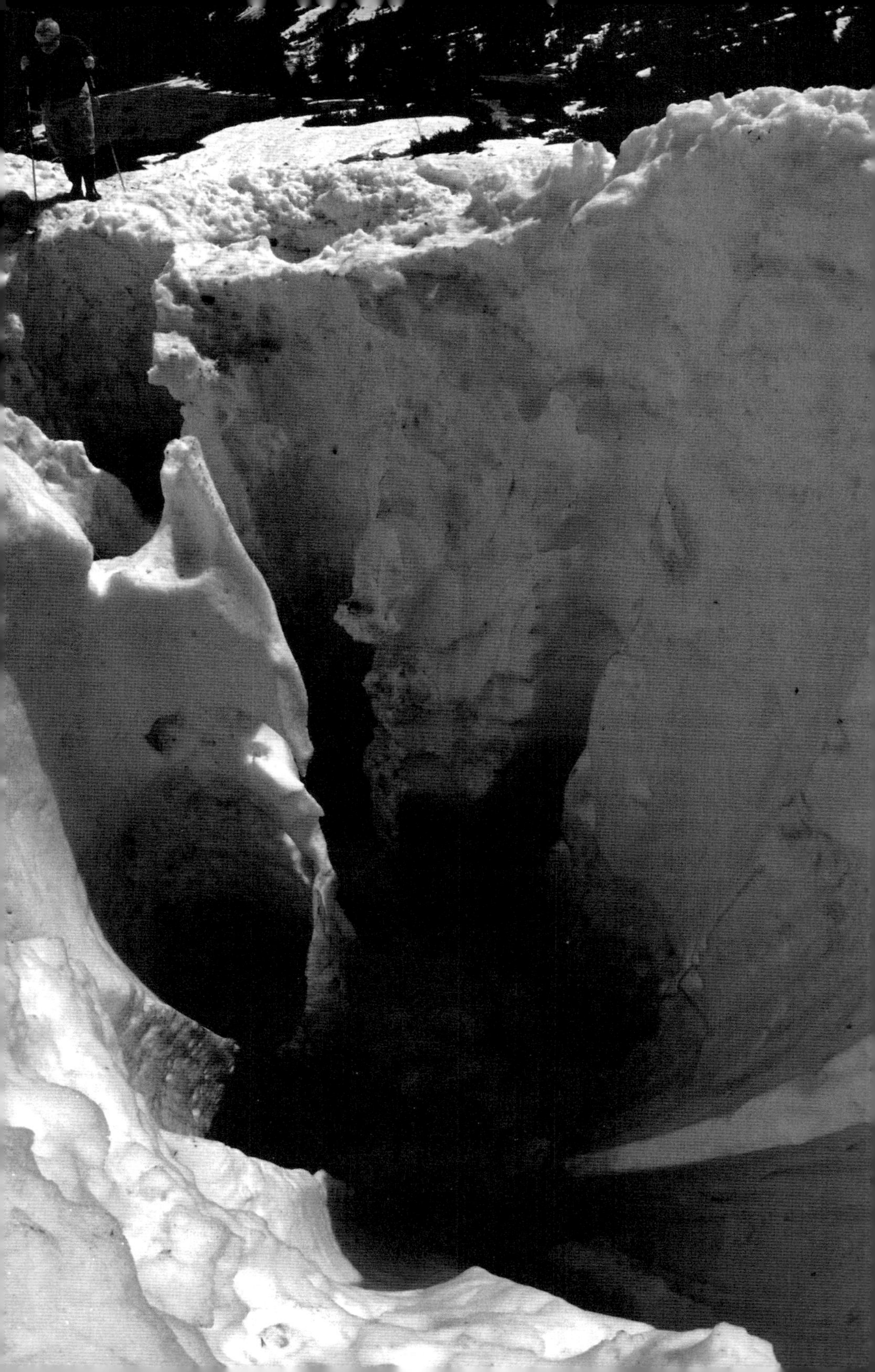

Lawinen abtauen im Reintal – Eine Entdeckung

Einst, als Riffe das Wettersteingebirge geformt und die riesigen Gletscher der Eiszeiten das Reintal zu einem Trogtal ausgehobelt hatten, waren sie vorhanden, die düsteren und hohen Wände des Hohen und Kleinen Wanners, die Südabstürze des Blassenkammes und die zahllosen Rinnen und Kare, die darunter ins Reintal führen. Natürlich war das ein sehr langer Prozess. Und seit dieser Zeit hatte es immer wieder weitere unvorhergesehene Naturereignisse gegeben, wie etwa den riesigen Felssturz am Fuße des Hchlenkopfes, durch den vor etwa 350 Jahren die Hintere und Vordere Blaue Gumpe entstanden ist, oder etwa der Eibsee-Felssturz, der nach neuesten Erkenntnissen vor 10000 Jahren aus der Nordseite der Zugspitze zu Tal stürzte. Kein Mensch jedoch hat je dieses Schauspiel gesehen oder je darüber berichtet. Im Laufe von Jahrmillionen winzige Geschehnisse. Die Natur fragt nicht danach. So ist die Hintere Blaue Gumpe bereits verlandet und in fünfzig Jahren wird es auch die Vordere Blaue Gumpe, eines der Wahrzeichen des Wettersteins, nicht mehr geben (am 23.8.2005 durch Unwetter zerstört). Was es aber bis dahin immer wieder geben wird, das sind die gewaltigen Lawinen, die alljährlich durch Rinnen und über Felsplatten ins Reintal hinunterstürzen.

In den gesamten 30 Jahren als Hüttenwirt, in einem Menschenleben ist das schon relativ lang, habe ich schon so manche Lawine abgehen und liegen sehen. Mächtige Bollwerke, bei denen man glauben mochte, hier entstünde ein neuer Gletscher. Sei es die riesige Nassschneelawine im Mai 1979 im Oberreintal, die Schneebarrikaden in der Höllentalklamm oder all die gewaltigen Lawinenstriche- und blöcke, die oft an elf verschiedenen Stellen den Weg oder auch das Wasserkraftwerk unterhalb des Partnachursprungs im Reintal verschütteten. Regen, Föhn und Sonne haben jedes Mal stillschweigend alles geregelt. Dabei kann die Natur aber auch ziemlich launisch sein – von wegen Sommer im Mai oder im Juni. Da war es schon besser zu überlegen, wie ich sie mir am besten zunutzen machen könnte. Empirische Erfahrungen einfach. Seit dem Beginn meiner Tätigkeit auf der Reintalangerhütte stehen hauptsächlich die Fragen der Hüttenversorgung und des Transportes im Vordergrund. Was tun, wenn riesige Schneebarrikaden den Versorgungsweg versperren? Sicher, meine Vorgänger hatten auch schon Erfahrungen mit Lawinenabgängen, aber damals war man eben mehr mit Schaufeln, Hacken und der Motorsäge zum Einsatz gekommen oder sämtliches Material wurde mittels Mulis getragen oder mit dem Hubschrauber geflogen. Auch meine Freunde, Mitarbeiter und ich greifen in meinen ersten Jahren als Pächter im Reintal am Saisonbeginn jeweils zu Schaufel und Hacke. Jedes Mal ist es die gleiche körperliche Schinderei. Und diese zwingt mich einfach zum Nachdenken.

Gefräßige Schneemäuler fordern Vorsicht.

Eigentlich war es mehr ein Zufall, als ich im Frühjahr 1988 (oder war es bereits 1987, ich weiß es nicht mehr genau) ein kleines Rinnsal beobachte, das da stetig ein kleines Loch in den Schnee schmilzt. Da fällt es mir plötzlich wie Schuppen von den Augen. Warum nicht das gleiche Prinzip verwenden, nur mit mehr Wasser und gezielter? Das wäre bei weitem keine so anstrengende Schufterei mehr. Endlich eine mögliche Lösung! Den ganzen Frühling hindurch plätschern durch dieselben Rinnen, in denen die Lawinen den Weg zum Talboden suchen, doch Wasserfälle herunter. Warum kommt man beim Pinkeln nicht auf diese Idee?

Schon bald habe ich die ersten Gartenschläuche hinten im Reintal, später waren es gelbe Drainagerohre, aber auch Bleche, die wir V-förmig zu Wasserleitungen biegen. Hauptsache, wir können das Wasser auf die Lawinen bringen. Dann kommen ein paar Jahre, in denen es wenig schneit, also gibt es weniger Lawinen, doch es ist klar, dass auch wieder andere Winter kommen würden.

1995 gibt es wieder Lawinen in Hülle und Fülle. In jenem Frühjahr setze ich erstmals Feuerwehrschläuche, so genannte B-Schläuche ein. Die Freiwillige Feuerwehr im oberschwäbischen Maselheim hatte mir ausgesonderte Schläuche für ein Trinkgeld gegeben. Immer mehr verfeinere ich so mein Abtausystem. Die Feuerwehren Partenkirchen und Garmisch geben mir Schläuche, leihen mir Kupplungen und Spritzenrohre. So können wir von einer Stelle aus eine große Lawine besprühen. Aber da gibt es immer noch Fehlerquellen. Die Spritzenrohre füllen sich mit Steinen, der Einlauf an den Wasserfällen ist schwierig, besonders wenn nur wenig Wasser von den Bergen herunter läuft. So muss ich weiter mit technischem Verstand suchen, um die richtige und optimale Lösung zu finden. Da kommt mir die Idee, mit Trichtern das Wasser zu fangen und besser zu kontrollieren. Rasch erkläre ich meinem Freund Paul Beck, KFZ-Meister, Dieselspezialist und Erfinder aus Maselheim, anhand einer Zeichnung, wie ich mir so einen Trichter vorstelle. Einen überdimensionalen, flachen Trichter mit Bohrungen an den Seiten für Reepschnüre, um ihn an Felshaken festbinden zu können, mit einem Auslaufrohr, das wiederum in einen B-Schlauch passt. Das Besondere an dem Trichter ist, dass man bei wenig Wasser einen simplen Plastiksack auf die untere Kante des Trichters legen kann und die größere Seite des Plastikbeutels in das Wasserrinnsal schmiegt; nur das nötige Gefälle muss vorhanden sein. So läuft fast jeder Tropfen Wasser in den Trichter und damit hinunter auf die Lawine. Bei großen Wassermengen ist es zweckmäßiger, das Spritzenrohr wegzulassen, so hat man immer die Gewähr, dass nichts verstopft wird.

1999 und 2000 vollbringe ich wahre Meisterstücke. Zwei riesige Lawinen versperren zwei verschiedene Plätze im Hinterreintal. Dazu benötige ich jedoch noch mehr Schläuche. Mein Freund Hans Müller, Berufsfeuerwehrmann, exzellenter Langläufer, Mountainbiker und Kletterer, in den frühen Siebzigern hatte ich ihn im Oberreintal kennen gelernt, besorgt mir sechs fast neue B-Schläuche.

Im Jahr 1999 ist es die Vollkarlawine, die an ihrem Scheitel 20 m Höhe hat. Aus dieser Lawine gilt es, den Sommerweg herauszutauen - mit welchen Mitteln auch immer. Längst würden die anderen Lawinenstücke verschwunden sein, während dieses Bollwerk weiterhin den Transportweg versperrte. Zuerst versuche ich mit allen möglichen Rohren und Leitungen, das Gefälle der Partnach auszunutzen.
Zwecklos, es reicht nirgendwo hin, geschweige denn auf den höchsten Punkt der Lawine. Die Hochsaison naht und ich werde ungeduldig. Wieder und wieder muss ich nachdenken, aber ich komme zum Ziel. Eine Wasserpumpe ist die Lösung. Meine Augsburger Freunde Carl-Heinz Franke und Heimo Witkowski, zwei meiner technischen Berater, besitzen eine leistungsfähige Pumpe. Nahe der Hütte, so weit mein Starkstromkabel eben reicht, stelle ich die Pumpe ins Wasser. Zwischenzeitlich waren alle anderen Rohre und Schläuche an anderen Lawinen frei geworden. So schließe ich eine 250m lange provisorische Wasserleitung zusammen und schalte die Pumpe ein. Und siehe da, wir haben genügend Gefälle und Druck und einen starken Wasserstrahl aus unserem Spritzenrohr. Sämtliche Hüttenbesucher bewundern diese Springbrunnenattraktion hoch oben im Wettersteingebirge. Täglich stellen wir den Auslauf nach und können endlich am 15. August erstmals mit unseren Motorrädern zur Hütte hochfahren. Niemand hätte diese relativ schnelle und doch einigermaßen bequeme Lösung des Lawinenproblems für möglich gehalten. Dass aber im Frühling des nächsten Jahres eine noch schwierigere Aufgabe auf uns warten sollte, damit rechnet zu diesem Zeitpunkt keiner von uns.
Mit Malte Jochmann, einem meiner jungen und treuen Mitarbeiter, fahre ich im April 2000 mit Skiern von der Zugspitze ins Reintal ab. Diese Kontrollfahrt mache ich jedes Jahr, um mich zu orientieren, was mit den Frühjahrslawinen im Reintal los ist. Wir haben herrliches Wetter und eine Bombensicht auf die Zentralalpen, der Schnee ist leider schon sehr durchfeuchtet, besonders unterhalb der Knorrhütte. Wir erreichen aber trotzdem bereits nach 20 Minuten den Oberanger, von wo aus wir zum Partnachursprung hinüberqueren. Dort verschlägt es uns die Sprache. Eine völlig verwandelte Landschaft finden wir vor. Durch das Kirchkar herunter ist eine gewaltige Lawine in den Ursprung gestürzt und hat sich bis knapp unter den Wasserfall aufgetürmt, der unterhalb der Ursprungshöhle ungefähr 25 Meter in die Tiefe fällt. Aber nicht genug. Ein wahres Gebirge von Schnee füllt auch noch das gesamte Bachbett bis hinunter zur Wasserturbine auf, welche die Hütte mit Strom versorgt. Wir trauen unseren Augen nicht, kein Turbinenhaus weit und breit zu sehen, geschweige denn der Einlaufschacht. Nun war guter Rat teuer.
Eine Zeit lang überlege ich, dann sage ich mir, wenn du dir die Natur zunutze machst, wirst du eine Lösung finden. Und ich finde sie, allerdings erst drei Wochen später, Anfang Mai. Werner Lindauer, langjähriger Hüttenreferent der Oberreintalhütte und auch einer, der oft einen guten Rat weiß, gibt mir die Telefonnummer einer

Wasserpumpenfirma in München. Sogleich suche ich die Pumpenfirma im Münchner Stadtteil Sendling auf. Noch an Ort und Stelle lasse ich mir die Funktionsweise einer Benzinpumpe mit C-Schlauchanschluß erklären. Meine Miene hellt sich da schon ein wenig auf. Da im Servicecenter der Sektion München zu dieser Zeit sämtliche wichtigen Personen im Urlaub sind, muss ich alles alleine entscheiden: Hubschrauber anfordern, Kosten vergleichen, Termine vereinbaren.

Am 6. Mai ist Hubschraubertermin. Pünktlich landet eine Maschine aus Innsbruck am Umschlagplatz. Malte, auch diesmal mit von der Partie, und ich nehmen auf dem Rücksitz Platz. Minuten später setzt uns der Helikopter vor der Reintalangerhütte mit unserer Fracht ab. Wir schleppen die etwa 40 kg schwere Pumpe zum Bachbett nahe des Turbinenhäuschens, das immer noch verschüttet ist. Bei näherem Hinschauen jedoch entdecken wir, dass ein winziger Fleck des Blechdaches frei getaut ist und das stimmt uns sofort optimistisch. Sogleich finden wir den Giebel und können somit die Pumpe in der nahen Partnach in die richtige Position bringen. Dass die Partnach um diese Zeit schon Wasser führt, ist nicht selbstverständlich. C-Schlauch installieren, Pumpe anwerfen, das Wasser läuft. Ziemlich schnell bekommen wir die Turbinentüre frei, ein Blick ins Innere der Turbine sagte uns: Gott sei Dank, nichts beschädigt.

Nur am Giebel des Kleinen Häuschens sind ein paar Bretter abgebrochen. Die Turbine ist also funktionsfähig, nicht auszudenken, zu Beginn der neuen Saison keinen Strom zu haben! Ich bin sehr erleichtert. Aber was ist mit den drei Einlaufschächten? Nichts als Berge von Schnee. Malte kommt die Idee, die Länge des Turbinenrohrs anhand eines Bergseiles auszumessen. „Die Länge des Einlaufrohres - mmh", plappere ich hinterher. Dann stapfe ich durch knietiefen Schnee zur Hütte zurück, in einem Regal des Privatecks in der Küche ist der Turbinenbauplan von 1985 zu finden. Draußen an der Sonne falte ich ihn kurz auseinander, da ist sie auch schon nachzulesen, die Entfernung von der Turbine zum Einlaufschacht: 75 Meter, das ist doch schon was! Zwei knappe Seillängen messen wir mit unserem alten Perlonseil ab, ein Skistock markiert den ungefähren Punkt und die Lage der Einlaufschächte. Ohne Wasser kein Strom, aber wie an die Schächte kommen? Dafür ist unsere Pumpe zu klein, als dass der Druck zu den weiter oben gelegenen Einlaufschächten das Wasser durch den C-Schlauch hätte pumpen können. Lange Gesichter. Aber halt, wie war das mit den Wasserfällen?

In der Zwischenzeit ist auch Simon zu uns gestoßen, ein weiterer langjähriger Mitarbeiter. „Also Malte und Simon, ich hätte einen Vorschlag, ein wenig anstrengend zwar, aber wir müssen es versuchen. Wir müssen den Wasserfall oberhalb des Partnachursprungs anschließen, dann haben wir genügend Wasser." Dabei setze ich meine hoffnungsvollste Miene auf. Fragende Gesichter. „Meinst du wirklich, Charly?", fragt Malte etwas ungläubig zurück. „Sorry, Malte, ich weiß, es wird eine Plackerei dort hinauf, aber du wirst sehen." Simon sagt gar nichts, er denkt wahrscheinlich bei sich: Abwarten! Umgehend machen wir uns an die Arbeit. „Heute die Hälfte der Schläuche und morgen die andere Hälfte", muntere ich Malte und Simon auf, „heute 125 Meter und morgen 125 Meter".

Es geschieht ein Wunder. Wir müssen nur eine schmale Randkluft mittels eines sechs Meter langen Jaucherohrs zum Ursprungswasserfall überbrücken, dieses Rohr an einen Felshaken nach hinten festbinden und schon kann das Wasser armdick in das Rohr und zu uns herübersprudeln. Wir haben gewonnen. Alles andere ist kein Kunststück mehr. Schläuche verbinden, Trichter in Position bringen. Am Sonntagvormittag können wir die Leitung mit ungefähr 220 Meter fertig stellen. Das Wasser schießt durch unsere Leitung und hinein in den Schnee, der über acht Meter hoch auf den Turbineneinlaufschächten liegt. Voller Erwartung starren wir auf das immer größer werdende Loch vor uns. Binnen einer Stunde können wir mit einer zwei mal vier Meter zusammengeschraubten Lawinensonde einen Metalldeckel der Schächte orten.

Unser Riesenglück war der Wasserfall am Ursprung, ohne diesen und ohne meine Eingebung von oben, hätten wir im Mai 2000 noch lange auf Strom warten müssen. So aber konnten unser Turbinenwart Frank Huber und ich eine Woche später mit einer Leiter zu den Schächten hinunter steigen und die Turbine in Betrieb nehmen.

Eine echte Premiere beinhaltet die Schneeabtauaktion im Mai 2009. Wieder ist die Turbine und ihre Schächte sechs Meter hoch von einer Lawine verschüttet. Wieder liefert der Partnachursprungwasserfall das nasse Element. Wir tauen ein Loch mit einem Meter Durchmesser und sechs Meter Tiefe bis zum Grund der Lawine. Mittels einer Leiter steigen wir in die Tiefe. Auch der Feuerwehrschlauch muss mit. Mit gehörigem Wasserdruck können wir innerhalb von zwei Tagen einen Stollen zu den Einlaufschächten der Turbine frei tauen. In Rekordzeit können wir somit die Turbine in Betrieb nehmen und die Hütte mit Strom versorgen. Sogar das ZDF und das Bayrische Fernsehen interessierten sich für diese spannende Geschichte.

Mühsam werden die Vorräte auf die Hütte geschleppt:
Alles andere als romantisch, manchmal sogar lebensgefährlich. Inzwischen wird die Hauptversorgung vom Hubschrauber übernommen.

Transport

Dass Kochen auf einer Hütte im Gebirge den Transport von Lebensmitteln voraussetzt, weiß jeder, der gerne in die Berge geht. Außer, jemand trinkt im Winter nur Schneewasser und im Sommer das Schmelzwasser vom Schnee. Zum Essen gäbe es noch ein paar Heilpflanzen, Beeren, Wurzeln und vielleicht noch geröstete Ameisen. Spaß beiseite: Selbst in der dürftigen Nachkriegszeit 1946/47 gibt es im Oberreintal, zugeteilt vom Wirtschaftsamt, Zichorie-Kaffeeersatz und Suppenpulver. Außerdem gibt es noch Kartoffeln als einziges nahrhaftes Lebensmittel und Dünnbier statt Schnaps und Wein. Aber wie gesagt, die entsprechenden Dinge mussten wiederum erst hochgetragen werden, ebenso wie Holz für den Herd zum Heizen und Kochen. Nach dem Zweiten Weltkrieg gab es noch lange keinen Hubschrauber, um eine Hütte gezielt zu versorgen. Das Helikopterzeitalter im Oberreintal beginnt erst mit dem 1. Heeresbergführer-Lehrgang 1958/59. Im Sommer 1959 wird sogar die kühne Idee einer Materialseilbahn vom Schachen ins Oberreintal verwirklicht. Hauptsächlich wird der Lift für die damalige Erweiterung und Aufstockung der Oberreintalhütte verwendet, aber auch, um den Heeresbergführer-Lehrgang mit Essen und Getränken zu versorgen. Lebensmittel für die Handwerker an der Hütte werden aber auch von Werner Kübler und Karl Gottmann, den damaligen Hüttenwirten, in Partenkirchen eingekauft und ins Oberreintal getragen. Die heutige Umschlaghütte hatte es zu jener Zeit noch nicht gegeben. Erst Mitte der siebziger Jahre werden die Versorgungsschuppen am Ende der Reintalstraße in einer Gemeinschaftsaktion erbaut. Vorher war eben das Auto das Depot - und als es die Reintalstraße noch nicht gab, waren lange Transportmärsche von Partenkirchen ins Oberreintal angesagt. Im Reintal hatten die jeweiligen Pächter zwei bis drei Mulis, die unverdrossen kistenweise Material schleppten. Das Transportproblem bedeutet für Hütten ohne Materialseibahn bis zum heutigen Tage nicht nur schwere körperliche Arbeit, sondern auch eine anspruchsvolle, logistische Aufgabe, die sehr viel Organisationstalent verlangt.

Vom Vorrat auf einer Hütte hängt nicht nur das reibungslose Arbeiten am Herd und damit das leibliche Wohl der Gäste ab, sondern auch das Ineinandergreifen anderer innerbetrieblicher Tätigkeiten.

Stoßbetrieb zum Beispiel, wochenlanges schönes Wetter mit vielen Besuchern, erfordern Transporte außerhalb regelmäßiger Zeiten, sei es auf dem Motorrad oder zu Fuß, wie es im Oberreintal der Fall ist. Stoßbetrieb bedeutet gleichzeitig erhöhten Idealismus, erhöhtes Engagement und Risiko und mehr Arbeitsleistung. Oft ist es so, dass Getränke und Essen auszugehen drohen. Andererseits kann man nicht über alle Maße den Hüttenkeller mit Lebensmitteln anfüllen, Kosten und schlechtes Wetter

sind Faktoren, die nicht immer berechenbar sind. Was also bleibt, ist nicht nur ein gewisses finanzielles, sondern auch das Risiko der Bevorratung. Erst im vergangenen Sommer 2008 mussten wir mit unseren Motorrädern 15 Fässer a 30 Liter/40 kg Bier unter erheblicher zusätzlicher Gefahr vom Umschlagplatz zur Reintalangerhütte transportieren. Um Haaresbreite bin ich zwei Motorradunfällen entgangen, beide Male in den Steilstücken des Reintalweges.
In den sechs Jahren am Stuiben und im Obereintal habe ich meinen ganz eigenen Hüttenversorgungsturnus. Im Saisonschnitt gehe ich zwei- bis dreimal in der Woche ins Tal, besorge mit dem Auto Brot, Butter, Fleisch, Gemüse, Kartoffeln, Kaffee, Käse, Eier etc. in Garmisch-Partenkirchen, und bringe alles zum Umschlagplatz an der Hinterklamm. Alles was ich nicht tragen und schleppen kann, lasse ich in der Versorgungshütte und hoffe, dass Kletterer mein Schild lesen, das ich schreibe und an die Türe hänge. „Bitte Lebensmittel ins Oberreintal mitnehmen!" Die Schuppentüre lasse ich offen. So läuft die Versorgung mit Lebensmitteln zur Hütte nahezu reibungslos, bis auf ein einziges Mal, als Diebe sowohl die abgesperrten Schuppen der anderen Hütten, als auch sämtliche Autos am Umschlagplatz aufbrechen. Aus meinem Depot wird eine Stange Emmentaler und aus meinem Auto ein Diaprojektor gestohlen. Mein Versorgungsproblem war also bis auf diesen einzigen Zwischenfall, ganz gut gelöst, zumal mir die Bundeswehr in dieser Zeit sämtliche Konserven und Getränke zum Stuiben und ins Oberreintal fliegt. Dafür bin ich den Piloten der Bell UH-1D und der Sikorski Ch-53 heute noch dankbar.
Die Transporte zur Reintalangerhütte waren seit ihrem Bestehen schon immer von der Größenordnung her ganz anderer Natur. In den ersten Jahren der Hütte war alles entweder von der Zugspitze herunter oder das Reintal herauf auf dem Rücken von Trägern geschleppt worden. Als dann in den 50er und 60er Jahren ein breiterer Weg durchs Reintal ausgebaut wird, übernehmen Tragetiere diese harte Arbeit. Erst nach der Zeit mit Tragetieren und Mulis setzen die Versorgungsfahrten mit Motorrädern und dem Steyr-Puch-Haflinger, einem vierrädrigen Spezialfahrzeug ein. Dieses Geländefahrzeug hatte eigens Peter Utzschneider, der ehemalige Bob-Olympiasieger, speziell für den Reintalweg hergerichtet. Er verkürzte beide Achsen, so dass das Geländeauto auf dem Reintalweg bequem Platz hatte. Im Inneren des Haflinger hatten sage und schreibe 17 Fässer Bier Platz, also umgerechnet 680 kg. Während seiner Reintalzeit benötigte Peter Utzschneider deshalb nicht ein einziges Mal einen Helikopter. 1986, als ich die Reintalangerhütte übernehme, bitte ich Peter Utzschneider, den Transport zur Hütte für mich durchzuführen. Er willigt ein und fährt wie eh und je zuverlässig seine Transporte durchs Reintal, bis es im September 1989 zu einem folgenschweren Unfall in der Nähe der Hinteren Gumpe kommt, bei dem sich Peter sehr schwer verletzt. Mit diesem Unfall ist das Kapitel Haflinger-Steyr-Puch im Reintal beendet. Ab jetzt beginnt die Hubschrauberzeit mit teuren privaten

Lastenflügen und mit zunehmendem Betrieb auch mit vermehrten Motorradfahrten, risikoreich und gesundheitsschädlich. Immer wieder kommt es zu gefährlichen Momenten, sei es bei Fahrten bei schlechtem Wetter, bei Nebel, bei Nacht, bei Felssturz, bei zuviel Gewicht oder bei Fahrten mit einem Sozius. 2005 mag als Beispiel gelten. Das Unwetter, das die Blaue Gumpe und den Reintalweg bis zur Bockhütte fast vollständig zerstört hatte, zwingt uns über Nacht zu tagelangen, schweren und notdürftigen Reparaturarbeiten, um nicht ganz von der Außenwelt abgeschnitten zu sein. So kommt es immer wieder zu unvorhergesehenen Ereignissen und Engpässen, zu erhöhtem Arbeitsdruck, was Motorradfahrten erst richtig gefährlich macht. Gut, Besucher des Reintales oder Zugspitzgeher, die einem unterwegs begegnen, vermuten oft, man fahre zum Spaß oder es würde gut aussehen, mit Rucksäcken auf einer Geländemaschine zu sitzen. Am Ende einer Saison, wenn Gelenke und andere Blessuren schmerzen, muss die Rechnung gemacht werden. Der jetzige Jagdpächter Harry Pickel und auch Karl Wörndle, der Schäfer von der Bockhüttte, fahren mit einem Quat auf dem Reintalweg. Ich persönlich bin der Meinung, dass diese Fahrten zwar optisch sicherer aussehen als die mit einem Motorrad, aber gebranntes Kind scheut aber das Feuer: Der Schrecken des Haflinger Unfalls von Peter Utzschneider steckt mir immer noch in den Knochen. Hubschrauberflüge sind versichert und die Lasten können gut vorbereitet werden. Vor allem geht es aber auch darum, dass stets ein wenig Freizeit neben der täglichen Hüttenarbeit übrig bleiben soll für ein Tischtennisspiel oder für eine Stunde im Klettergarten. Bei ausschließlichem Transport auf dem Reintalweg mit einem vierrädrigen Fahrzeug sind jedoch täglich lange und schwere Wegarbeiten notwendig, und damit ist er nicht wirtschaftlich.
Meine Devise lautet stets: Gesundheit geht vor Geld! Also konzentrieren wir uns hauptsächlich auf eine Optimierung der vier oder fünf Hubschrauberflüge in der Saison. In 24 Hüttensommern auf der Reintalangerhütte lehrte mich die Arbeit hier oben viele Dinge, vor allem aber eins: Improvisation ist alles.
Die Reintalangerhütte zu versorgen, wird, so schön ihre landschaftliche Lage auch ist, immer kostspielig und mit vielen Risiken verbunden bleiben. Die Partnach, Wasserfälle, Lawinen, Erdrutsche, Steinschläge können jederzeit den Reintalweg aufs neue zerstören, die Chronik des Reintals spricht da eine deutliche Sprache. Und die Wetterkapriolen in Folge der sogenannten Klimaerwärmung tun ein Übriges.

„Musik als verbindendes Element - auf einer Alpenvereinshütte, bei einem Diavortrag, im Film, auf einer Taufe, auf einer Hochzeit, Musizieren mit der eigenen Familie, was gibt es Schöneres?“

Begegnung mit der Musik

Wenn mich jemand musikalisch in meiner Kindheit geprägt hat, dann war es mein Lehrer Franz Xaver Wachter an der Praßbergschule in Wangen im Allgäu. Sicher, da waren auch die Lieblingsstücke meines Vaters aus der klassischen Musik: „Das Lied der Freude" von Beethoven, „Dichter und Bauer" sowie „Leichte Kavallerie" von Supée, „Der Trompeter von Säckingen" und die „Post im Walde". Gemeinsam ein Lied singen? Das hatte es zu Hause nur am Heiligen Abend unterm Christbaum gegeben - mit „Stille Nacht-Heilige Nacht" und „O, du Fröhliche - O, du Selige".
Lehrer Wachter jedoch hatte mich mit seiner Art Musik zu unterrichten, auf dem Flügel im Musiksaal zu spielen, stets aufs Neue fasziniert. Neben eigenen Kompositionen spielte er vorzugsweise romantische, vertonte Gedichte, wie etwa „Droben stehet die Kapelle" von Ludwig Uhland. Aber nicht nur als Komponist und Texter hat er mein kindliches Innenleben geformt. Herr Wachter hatte einen ganz eigenen, zwar oft autoritären Unterrichtsstil, dennoch war er mein Lieblingslehrer.
Der Unterricht bei Herrn Wachter hat im Sommer 1961 leider sein Ende gefunden, da meine Eltern und ich in ein kleines oberschwäbisches Dorf namens Maselheim verzogen. Statt Einklassenunterricht nun Vierklassenunterricht in der Dorfschule. Hier unterrichtete Oberlehrer Wenzel, ein ausgezeichneter Pädagoge, in einer einzigen Klasse dreißig Schüler von der 5. bis zur 8. Jahrgangsstufe in allen Fächern. Ein Schlüsselerlebnis, aber ein positives, das bis zum heutigen Tage in mir nachhallt. Ich vermute, dass es mir auf Grund dieser Erfahrung stets gelungen ist, aus jungen Menschen gute Teams für die Mitarbeit auf der Reintalangerhütte zu formen. Nicht nur, dass Lehrer Wenzel sonntags in der Messe die Orgel spielt, er gibt auch guten Musikunterricht. Doch komme ich immer noch nicht auf die Idee, ein Instrument spielen zu wollen; wahrscheinlich liegt es daran, dass mein jüngerer Bruder und ich zu Hause diesbezüglich nie gefördert wurden. Die Lehre in der Metzgerei lässt dergleichen sowieso nicht zu, hier heißt es schuften von morgens sechs bis abends sechs. Nach Feierabend hören wir im Radio Musik, die Beatles, die Rolling Stones, Drafi Deutscher, Francoise Hardy, all die bekannten Schlager und Hits der sechziger Jahre.
Mit Beginn des selbständigen Kletterns übernachte ich automatisch öfter auf Hütten. Abgesehen von den Abenden auf der Tannheimer Hütte, an denen Franz Fischer mit seiner Zither und manche seiner Mitmusikanten, insgesamt mehr auf Beschaulichkeit und gewisse Stille achten, erlebe ich auf anderen DAV-Hütten fürchterliches Gegröle, das mich mehr an ein Bierzelt oder an eine Bundeswehrkantine erinnert. Bei den Gebirgspionieren in Brannenburg steht „Gemeinsames Singen" ganz oben auf dem

Ausbildungsplan. Doch sind es hier eben hauptsächlich die gängigen Soldatenlieder, die während der Grundausbildung gelernt werden müssen, wie „I bin der Bua vom Loisachtal“ oder „Fern bei Sedan“.
Die Jahre in der Jungmannschaft Garmisch-Partenkirchen bringen mich eigenartigerweise der Musik näher. Erstens spielen meine Kletterfreunde Hubert Bredl, Rudl Brunner und Simon Sepp Ziehharmonika und Gitarre und zweitens höre ich in den Gasthäusern in und um Garmisch-Partenkirchen hie und da Stubenmusik, die zu dieser Zeit voll und ganz mein Inneres erreicht. Ganz besonders ist es eine Adventsfeier im Partenkirchner Cafe Panorama, die eigentlich ganz normal gestaltet ist. Während des Abends aber höre ich das erste Mal weihnachtliche Weisen auf einem Hackbrett, gespielt von Christl Delago aus Oberammergau. Diese Klänge betören mich. Es sind ruhige, gediegene Stücke die sie spielt, begleitet vom Gitarrenspiel ihres Mannes Alwin. Ich bin tief berührt. Ist es Eingebung, dass ich Frau Delago frage, ob so ein Hackbrettspiel schwierig zu erlernen sei, ist es Schicksal, dass ich ein dreiviertel Jahr später ein Hackbrett kaufe und bei ihrem Mann beginne Stunden zu nehmen? Alwin Delago, Holzbildhauer und Gitarrenspieler in Oberammergau nimmt sich in seiner gemütlichen Schnitzwerkstatt wöchentlich eine Stunde Zeit für mich. Was er mir hauptsächlich zeigt, und das, meine ich, ist fast noch wichtiger als alle Technik, wie man ein Stück interpretiert. Was er mich nicht lehren kann, die richtige Schlagtechnik, zwei Anschläge rechts, zwei Anschäge links, dazu hätte es eines Hackbrettprofis bedurft. Doch auch so bin ich mit seinem Unterricht sehr zufrieden. Auf jeden Fall ist es in der kommenden Zeit für mich wichtig, selbständig zu musizieren, kleine, einfache Stücke zu erlernen, die Lust auf das Hackbrettspielen nicht zu verlieren, das musikalische Feuer, das plötzlich in mir brennt, am Leben zu erhalten.
Nie aber verschwende ich je einen Gedanken daran, später einmal Hüttenwirt zu werden, geschweige denn jemals im Radio oder im Fernsehen aufzutreten. Vorläufig fahre ich wöchentlich nach Oberammergau, um in Alwins Schnitzstube weitere leichte Stücke zu erlernen. Noch heute glaube ich fest daran, dass die Ausstrahlung dieses Raumes, die Wärme und der Geruch von Holz, der warme Klang der Hackbrettsaiten, die sinnlich schöne Gitarrenbegleitung Alwin Delagos, meine Spielweise auf das Nachhaltigste beeinflusst hat.
1974 ist auch das Jahr, in dem mein Vater schwer erkrankt. Er kämpft und will es zunächst nicht wahrhaben, erkennt aber dann immer mehr, dass es sein letzter Kampf sein wird. In dieser Zeit ist es für mich ein unschätzbar tiefer Trost, dass ich wöchentlich an seinem Krankenbett ein paar eben erlernte einfache Stücke spielen kann. Auch heute noch, 34 Jahre nach seinem Tod, trösten mich die Gedanken daran. Auch am 4. Januar 1975, an Franz Fischers letztem Geburtstag, dem ich eigentlich mehr zufällig beiwohne, kann ich ein paar Stücke zur Freude Franz Fischers beitragen.

Sepp Dengg, der dazu gekommen ist, begleitet mich dabei auf der Gitarre. Danach begibt sich meine musikalische Lust auf eine dreijährige Durststrecke, Klettern, Reisen und Expeditionen überlagern sämtliche andere Interessen. Nur ein einziges Mal im Herbst 1977 schlägt mein musikalischer Puls markant aus, aber im richtigen Moment. Bei mir zuhause in Maselheim wird eine Tanzkapelle aufgelöst, was mich dazu bewegt, den verwaisten Kontrabass, der später in meinem Leben noch eine so große Rolle spielen sollte, für 700 DM zu erwerben. Wieder so eine Fügung, deren tieferen Sinn ich erst viel später verstand. Im Februar 1978 ergibt sich ganz plötzlich die Chance, Hüttenwirt am Stuiben und im Oberreintal zu werden, es ist klar, dass ich nun mein Hackbrett werde entstauben müssen. Allein schon für den Weckruf, den ich ab sofort in mein Lernprogramm aufnehme. Der Zufall will es, dass ich gleich zu Beginn meines ersten Oberreintalsommers ein sehr hübsches, musikalisches Mädchen kennen lerne. Neben dem Gitarren- und Klavierspiel, das sie ausgezeichnet beherrscht, singt das Mädchen auch wie eine Nachtigall. Nicht nur, dass wir manches Musikstück zusammen erarbeiten, auch manchen besinnlichen und fröhlichen Musikabend, vor allem am Stuiben, gestalten wir gemeinsam. Ganz nebenbei lerne ich auch andere Musikanten kennen. Vor allem Wolfgang und Markus Opitz, Vater und Sohn, beide ausgezeichnete Gitarrenspieler aus Fischen am Ammersee sind es, die mich musikalisch sehr viel weiterbringen. Besonders in den ersten Jahren auf der Reintalangerhütte 1986 - 1993 beeinflussen Wolfi und Markus meinen Spielstil, sie ermuntern mich aber auch stets, neue Stücke zu erlernen. Besonders auf der Reintalangerhütte ist es eminent wichtig, ein Instrument zu spielen, in meinem Falle eben Hackbrett. Mit unserer ganz eigenen und doch weltoffenen, familiären Atmosphäre, zu der Musik genauso zählt, wie ein Leseabend, gutes Essen und ein ausgewogenes Hüttenteam, haben wir es geschafft, die jährlichen Übernachtungszahlen von 2800 auf über 7000 zu erhöhen. Im Laufe der Zeit lerne ich immer wieder gute Musiker kennen, im richtigen Augenblick jedoch, als ich neben der Hüttenarbeit verstärkt meinen musischen Seiten zu erschließen beginne, stößt zuerst Caroline zur Reintalangercrew und spielt Kontrabass, kurz darauf ist es Erich, ihr damaliger Lebensgefährte, der als Profimusiker die musikalische Seite der Reintalangerhütte voll und ganz in die Hand nimmt. Der Reintalsommer 1995 hat in vielfacher Weise dazu beigetragen, dass das Leben auf der Hütte eine verstärkte kulturelle Seite bekam. Erich komponiert zahlreiche neue Wettersteinmelodien vom unbeschwerten „Sonnenschein im Wetterstein“ angefangen, über eine elegische Weise zur „Blauen Gumpe“ bis zum „Tal des Wahnsinns“, einem etwas dramatisch düsteren aber einmaligen Stück - und alle spielt er dabei selber auf dem Akkordeon. Zum Zeitpunkt, als mein erstes Buch erscheint, die gleichnamige Ausstellung „Wände-Grate-Dome“ in München läuft und Gerhard Baur den Film über den „Alten Weg zur Zugspitze“ dreht, beginnt das kulturelle Hüttenleben einem Höhepunkt zuzustreben.

Wir sind in den Zeitungen, im Radio und im Fernsehen präsent, täglich nehmen die Medien mehr Notiz von uns. Natürlich ist es gleichzeitig wichtig, einen weit vorausschauenden EDV-Fachmann an der Seite zu haben. Schon 1997 richtet mir Bernd Sebald eine Internetseite ein. Ab jetzt können unsere kulturellen Höhepunkte wie 1998 das Musiktrekking nach Nepal zu Sherpa Gyalzens 60. Geburtstag weltweit miterlebt werden. Eben dieses Musiktrekking ist es, das uns in alle Munde bringt. Eine Hüttencrew fährt nach Nepal und wandert als die Kapelle „Cafe Schober" mit sieben verschiedenen Instrumenten durch den Himalaya. „Mit Hackbrett und Kontrabass - Musiktrekking zum Dach der Welt", so nennt sich auch der Titel des Buches, das im Hebst 2000 erscheint, zusammen mit einer Musik-CD, die wir im August 2000 in meiner Ohlstädter Wohnung aufnehmen. Ein glücklicher Tag, nach der Arbeit des Buchschreibens. Rechtzeitig zum zweiten Musiktrekking, anlässlich des 70. Geburtstages von Sherpa Gyalzen, erscheint das Buch im Englischen mit dem Titel „With Dulcimer and Doublebass - Musictrekking an the Roof of the World". Mein Hüttenpartner Simon Neumann und ich können zudem eine teilweise neue Musikcrew auf die Beine stellen und das Musiktrekking erfolgreich wiederholen. Dabei ist es sicherlich ein glücklicher Zufall, mit Max Trommsdorff, einem ehemaligen Regensburger Domspatzen, einen absoluten Profimusiker dabeizuhaben. Im zweitem Anlauf ist es uns auch gelungen, einen professionellen Kameramann zu finden, einen, der das Musiktrekking richtig in Szene zu setzen weiß und irgendwann als Film im Fernsehen oder im Kino zeigen wird.

Musik als verbindendes Element - auf einer Alpenvereinshütte, bei einem Diavortrag, im Film, auf einer Taufe, auf einer Hochzeit, Musizieren mit der eigenen Familie, was gibt es Schöneres? Mich als absoluten Autodidakten und Nichtprofi erfüllt es mit außerordentlicher Dankbarkeit, dass ich in ungezählten harmonischen Stunden meinen Beitrag dazu leisten durfte.

Wo ist der beste Platz für das Open Air Konzert?

Sherpa Gyalzen mag Kinder, und die mögen`s bunt. Auch die Gebetsfahnen über der Partnach, die dem schönen Fleckchen eine ganz besondere Atmosphäre verleihen.

Ang Gyalzen Sherpa

Der Name Gyalzen bedeutet in der Sherpasprache „Donnerstag.“ Das erste Mal stoße ich auf ihn in Peter Matthiessen`s Buch „Auf der Spur des Schneeleoparden“. Neben Sherpa Tukten, Phu Tsering, Dawa und Sherpa Jangbu war auf dieser vom Biologen George Schaller geleiteten Expedition auch ein Sherpa namens Gyalzen dabei. Die Expedition führte ins Innere des Dolpo und hatte die Aufspürung und Beobachtung von Blauschafen und der sehr seltenen Schneeleoparden zum Ziel. Peter Matthiessen hat diese Expedition als Journalist begleitet und sowohl spannend als auch einfühlsam darüber geschrieben. Mir gefiel das Buch so gut, dass ich mir den Namen Gyalzen einprägte.

An einem Samstag, den 6. Februar 1993, fliege ich mit einer kleinen Maschine der Royal Nepal Airlines von Kathmandu nach Lukla, von wo aus ich noch am gleichen Tag nach Chumoa kurz vor die Grenze zum Sagarmatha Nationalpark weitermarschiere. Das Wetter ist herrlich, und die gute Sicht beschert mir einen beeindruckenden Blick auf die Gipfelszenerie des Himalaya. Chumoa schenkt mir gleich einen ersten Höhepunkt als nachts die Silberscheibe des fast vollen Mondes hinter dem über 6000 m hohen Thamserku aufgeht. Anderntags steige ich weiter in Richtung Namche Bazar. Nur wenige Touristen sind unterwegs, aber alle, die von oben kommen, schwärmen von der phantastischen Landschaft und sehen äußerst zufrieden aus.

Dass ich nicht akklimatisiert bin, macht sich spätestens in der steilen Passage unterhalb von Namche Bazar bemerkbar. Das Atmen fällt mir schwer und ich habe starkes Kopfweh. Mühsam erreiche ich schließlich die Heimat der Sherpas, die treppenartig in den Hang hinein gebauten Häuser in einem aufsteigenden hufeisenförmigen Kessel. Beim ersten Anblick des Dorfes denke ich, inmitten eines Amphitheaters zu stehen - und hoch über dem Theater trohnend - die schimmerden Gipfel der Sechstausender: Thamserku und Kongde Ri.

Am Dorfbach bleibe ich stehen und schaue gebannt zu den im Wind flatternden Gebetsfahnen, die an einem weißen Stupa befestigt sind. In diesem Sinnbild der Buddhisten für das Allumfassende verbirgt sich eine halbe Kugel in der Erde, die andere Hälfte über der Erde. Ein quadratischer Körper auf der Halbkugel zeigt auf jeder Seite ein Augenpaar und blickt symbolisch in alle Richtungen. Weltentwurf, universelles Kosmosmodell, Lebenssymbol und Stufenweg zur Erleuchtung – all diese Interpretationsmöglichkeiten beinhaltet so ein Stupahügel.

Dort, wo der in weiße Steinplatten gefasste Bach am weißen Stupa vorbeiplätschert, befindet sich der Waschplatz von Namche Bazar, zugleich ist es der beliebteste Treffpunkt für Jung und Alt. Links, am Stupa vorbei, gehe ich westwärts auf eines der ältesten Häuser des Dorfes zu und trete in einen Hof, auf dem gerade eine Frau im Yogasitz ihrem Mann und einem kleinen Mädchen Gesellschaft leistet. „Namaste" grüße ich und „Namaste" kommt es freundlich zurück. Wie fast alle Bewohner von Namche Bazar gehört auch diese Familie zum Volk der Sherpas. Das Oberhaupt, ein etwa 50jähriger sympathisch aussehender Mann, ist gerade dabei, einen Schlafsack zu säubern, während die Frau Tee trinkt. Das kleine Kind, ein Mädchen, tollt mit einem Ball herum. Noch ehe ich mich versehe, fragt mich der Sherpa: „How are you?" Etwas verlegen antworte ich: „I am fine" „What's your name?" „I'm Charly".

Was mir sofort gefällt, ist die Wärme in seiner Stimme und die Bestimmtheit seiner Rede. Er stellt mir seine Frau namens Galmo vor und das kleine Kind, seine Enkelin. Wir kommen immer mehr ins Gespräch und irgendwann auch auf meine Tätigkeit als Hüttenpächter im Wetterstein. Glücklicherweise habe ich wenigstens eine Postkarte der Reintalangerhütte dabei, die ich ihm zeigen kann. Auf der Stelle ist er begeistert und möchte wissen, ob ich nicht im Sommer jemanden für die Hütte gebrauchen könne. Ziemlich erstaunt über diese Frage, überlege ich kurz, lasse mir dann aber seine Adresse geben. Ich erkläre Gyalzen, dass ich über die Sache nachdenken wolle, sage ihm aber gleichzeitig, dass ich so spontan nichts versprechen könne, in meinem Innern jedoch bin ich schon damals bereit, ihn nach Deutschland einzuladen. Dazu braucht es nur noch günstige Umstände.

Ende April: Gerade bin ich halbwegs von einer Lungenentzündung, die ich mir in Nepal eingefangen hatte, genesen, da erreicht mich ein dramatischer Brief von Sherpa Gyalzen. Seine Frau sei urplötzlich an einer Infektion gestorben. Wenn es irgendwie ginge, wolle er im Sommer nach Deutschland kommen. Ich bin ziemlich bestürzt und besorge ihm umgehend ein Flugticket, sowie die Unterlagen für ein Besuchervisum. Dann höre ich von Gyalzen fast zwei Monate nichts mehr. Keinen Anruf, keine Post mehr, keinerlei Lebenszeichen.

Am 4. Juli läutet das Hüttentelefon – Sherpa Gyalzen. Erfreut teilt er mir mit, dass er tags darauf mit der Royal Nepal Airlines nach Frankfurt kommen würde. Ich bin ziemlich überrascht und organisiere in aller Schnelle, dass ihn mein Bruder Werner am Frankfurter Flughafen empfängt. Anderntags nehmen ihn Freunde, die auf die Reintalangerhütte kommen wollen, im Auto mit ins Werdenfelser Land.

Unsere Wiedersehensfreude ist sehr groß und Gyalzen ist glücklich darüber, dass die Umgebung im Wetterstein seiner Heimat ähnelt. Was uns aber beide seitdem immer wieder beschäftigen wird, ist die Frage, welche Fügung uns einander hat begegnen lassen. Weshalb aus der kurzen Begegnung im Februar 1993 eine große Freundschaft geworden ist.

Nach und nach erfahre ich auf der Hütte genauere Details über den plötzlichen Tod seiner Frau Galmo, mit der er 35 Jahre verheiratet war. Ich erfahre auch, dass

Leichenbestattungen bei den Sherpas sehr kostspielig sind und manche Familien an den Rand des Ruins bringen. In einem längeren Gespräch spreche ich ihm Mut zu, dabei spüre ich, dass Sherpa Gyalzen tiefes Vertrauen in meine Hilfe hat. Nach und nach erzählt mir Gyalzen seine Lebensgeschichte: Schon im Alter von 15 Jahren war er als „Porter" (Träger) für die Hillary-Expedition im April/Mai 1953 – für die erste erfolgreiche Everest-Besteigung – unterwegs. „Damals", so erzählt er, „waren wir 1500 Träger und mussten von Bhaktapur bis zum Everest Basecamp die schweren Lasten von um die 30 Kilo tragen. Allein um das Geld zu tragen, das die Träger später ausgezahlt bekommen sollten, waren sechs Leute nötig, damals hat es in Nepal ausschließlich Münzen gegeben und kein Papiergeld."

Später war Sherpa Gyalzen für eine japanische, eine italienische und eine indische Everest-Expedition unterwegs. Dabei hatte er jeweils den Südsattel (Südcol, 8000 m) des Mt. Everest erreicht. Leider hatte es für ihn nie übrigen Sauerstoff gegeben, um so vielleicht selbst auf den Gipfel zu steigen. Damals hat ihn das noch außerordentlich betrübt, heute sieht er es ziemlich gelassen.

Im Alter von 20 Jahren heiratet er die fünfzehnjährige Galmo, und eigentlich hätte er fünf Kinder, wenn nicht drei davon schon kurz nach der Geburt gestorben wären. Geblieben sind ihm zwei Töchter. Serki, die Jüngere, hat den Haushalt des Elternhauses übernommen. Liebevoll und mit gütiger Strenge ist Gyalzen inzwischen Großvater von fünf Enkeln. Kinder liebt er über alles, und immer wieder beobachte ich, mit welcher Herzlichkeit er sie auf der Hütte begrüßt.

Sechzehn Jahre gehört er nun schon zum Team der Reintalanger-Hütte. Mit seinem freundlichen, bestimmten Wesen ist er für uns unverzichtbar geworden. Mit seiner feinfühligen Art ist er während der Hauptsaison auf der Reintalanger-Hütte der ausgleichende Faktor.

Gesellige Hüttenabende und Spiele zur Auflockerung des Hüttenalltags mag er besonders. Wenn Gäste kommen und nach Sherpa Gyalzen fragen, fühlt er sich geehrt. Er hat ein gesundes Selbstwertgefühl. Atmosphäre ist ihm wichtig, wie die Gebetsfahnen und die Gebetsmühle an der Partnach zeigen. Gyalzen reist gerne in fremde Länder. Besonders Gebirgsregionen mit Orten wie Chamonix mit dem 4807m hohen Mont Blanc, Grindelwald mit dem Eiger und seiner 1800 m hohen, berüchtigten Nordwand oder die Sextener Dolomiten mit ihren berühmten Drei Zinnen. Aber auch Städte wie Wien, Hamburg, Berlin, Venedig, München, Frankfurt, Amsterdam und Zürich hat er mit ihren „so many different people" wie er stets zu sagen pflegt, bestaunt und bewundert. Vornehmlich Rom und das Erleben einer Freiluftaudienz mit Papst Johannes Paul dem II. ist ihm in Erinnerung, zumal Karol Woytila ein halbes Jahr später gestorben ist. Auch kulturell ist er äußerst interessiert, ob Fotoausstellung oder Gemäldegalerie, besonders die Museen von Reinhold Messner, Sigmundskron in Bozen, Monte Rite in der Nähe von Cortina de Ampezzo und

Schloss Juval im Vinschgau hat er mit großer Aufmerksamkeit betrachtet. Gerne blättert er in Magazinen und hört bevorzugt klassische Musik, neben nepalesischen und indischen Songs. Dennoch, wenn er Bücher über Nepal durchblättert, wenn es draußen tagelang regnet und nur eine Handvoll Gäste da sind, dann bemerke ich manchmal so etwas wie Heimweh – Sehnsucht nach seiner Heimat Namche Bazar. Um aber Trübsinn erst gar nicht aufkommen zu lassen, summt oder pfeift er eines seiner vielen Sherpalieder vor sich hin.

Zu Hause schaut Gyalzen auf den Everest, aber die Alpen haben auch was.

Sommer im Reintal

Brütend in der Sommerhitze
liegen Latschenfelder.
Gewitterwolken überm Zugspitzplatt,
die ersten grellen Blitze,
der Regen peitscht die Reintalwälder.
Die Partnach schwillt
ihr Wasser brodelt,
die Sonne hint sich in die Wolken
mogelt.

An einem heißen Sommernachmittag tut es gut,
an der kühlen und erfrischenden Partnach ein Päuschen zu machen.

Sommertag

Hochsaison. Wolkenloser Himmel. Überraschend füllt sich die Hütte auch unter der Woche. Schon mittags kommen die ersten Übernachtungsgäste an. Verschwitzt, müde, durstig, hungrig.
Die tibetischen Gebetsfahnen flattern über der Partnach, blau, grün, weiß, rot und gelb. Beschaulich wippen sie im Wind, spenden Trost, geben der Umgebung etwas Schwereloses, Heiteres, fast etwas Überirdisches. „Was für ein schöner Platz", hört man viele Gäste sagen. Die Berge, der Fluss, der Wald, die Wiese, die Atmosphäre in der Hütte. Die Reintalpeople, das ist das Team der Reintalangerhütte, spüren das Ankommen der Menschen an der Hütte. Ein Bett oder ein Lager, eine warme Suppe, ein Glas Wasser, Bier oder Wein, die Menschen sind zufrieden. Am Nachmittag sonnen sie sich auf dem feinen Geröll am Strand der Partnach oder auf der nahe gelegenen Wiese und blinzeln dabei zufrieden in den tiefblauen Himmel über dem Wetterstein, halten einen Mittagsschlaf, lesen ein Buch. Zufriedenheit in seiner einfachsten Form. Aber auch wir wissen den Sommernachmittag zu schätzen. Der Kaffeetisch wird heute am Bachufer gedeckt. Der Bergbach wirkt kühlend und entspannend für uns. Eine halbe Stunde Erholung im Trubel der Hochsaison. Beim Morgen- und Abendessen machen wir es genauso. Abschalten, später wird es den Gästen zugute kommen, wenn wir neu motiviert sind.
Der Hüttenbetrieb treibt auf seinen täglichen Höhepunkt zu, meist sind es nur 15 Minuten, in denen Ausschenken und Bedienen, Essensbestellungen und Schlafplatzverteilungen geballt zusammentreffen. Da heißt es, ganz entspannt bleiben. Später nach unserer Essenspause sitzen wir für eine halbe Stunde in der Mitte der Gaststube beim Musizieren. Mancher Besucher ist überrascht, dass es so etwas noch gibt. Weltenbummlergeschichten oder Ereignisse in und um die Hütte werden dabei erzählt. Die Menschen sind dankbar dafür, das sieht man ihren Gesichtern an. Ein positives Erlebnis nehmen sie gerne mit nach Hause zurück in ihren Alltag. Aber auch wir erlangen dadurch innere Zufriedenheit, erfüllen wir mit unserer Musikstunde doch das, was man in unserem Beruf Dienstleistung nennt und diese in ihrer reinsten Form. Um 24 Uhr bin ich endlich in meinem Zimmer. Ich öffne das Fenster, ein paar Mücken erheischen das Licht der Lampe. Stille. Nur das entfernte Rauschen der Partnach durchbricht sie. Sommermelodie in B-Dur. Ich schaue hinauf zur Milchstraße, die sich unendlich wie ein mattes Silberband über dem Wetterstein zeigt. Raum, Zeit, Dasein. Die Stille der nächtlichen Berge. Das Lied eines Gebirgsflusses fließen ineinander. Meditation als Nachtgebet. Um vier Uhr klingelt der Wecker und der Kreislauf des Hüttenalltags beginnt von neuem.

Kochen, Kochen, Kochen.
Auf einer Hütte müssen viele hungrige Mäuler gestopft werden.

Kochen

Wer Hunger hat, dem schmeckt fast alles. Wer Durst hat, dem schmeckt das pure Wasser ebenso wie Bier, Apfelschorle oder Orangensaft. Insofern sind Hüttenwirte in einer glücklichen, komfortablen Lage. Durst haben Hüttenbesucher immer. Deswegen ist jeder Hüttenpächter gut beraten, wenn er Bier, Wein, Limonade und Kaffee nicht ausgehen lässt, sonst macht er kein Geschäft mehr. Beim Hunger verhält es sich ebenso. Wenn der Hüttenwirt gut kocht und reichliche Portionen für einen anständigen Preis anbietet, wird er viele Teller an Käsenudeln, Krautnudeln und Kaiserschmarrn verkaufen. Meiner Meinung nach spielt auch der Platz, an dem gekocht wird, eine nicht zu unterschätzende Rolle. Wenn der Hüttenwirt sich mit seinem Platz am Herd voll und ganz identifiziert, wenn auch seine Umgebung harmonisch ist, das heißt wenn die Küche Atmosphäre hat und wenn dann noch ein gut ausgewähltes Hüttenteam gute Arbeit beim Bedienen und im Unterhalten der Gäste leistet, dann ist der Erfolg garantiert. Nicht zu unterschätzen ist auch der Blick von vielen Besuchern in die Küche, Wohlbefinden regt den Appetit an.

Im Oberreintal und am Stuiben steht der Herd in der Gaststube. Am Stuiben wird mit dem Rücken zu den Gästen gekocht, während man im Oberreintal mit dem Gesicht zu den Kletterern gewandt, kocht. Ehrlich gesagt, das ist eine ganz besondere Art zu kochen, man hat das Gefühl auf einer Bühne zu stehen. In den sechs Sommern dort oben lernte ich bald, wie man einen Kochlöffel in die Hand nimmt, um Wirkung bei den Anwesenden zu erzielen. Das klingt ziemlich eitel, ist aber so, es ist eine Art Körpersprache oder Körperspiel mit den Menschen in der Hütte. Sowohl im Oberreintal, als auch am Stuiben, war es schon immer so, dass das Essen von den Gästen mitgebracht wurde und der Hüttenwirt es zubereitete. Fürs Kochen darf er einen kleinen Betrag berechnen, ich persönlich hatte das für mich nie in Anspruch genommen, dafür war meine Trinkgeldkasse stets gut gefüllt.

Nun kam es oft vor, dass verschiedene Nudelpäckchen da lagen, diese und jene Schnitzel oder Koteletten, große und kleine Zwiebeln. Schon zu Beginn meiner Hüttenwirtszeit dort oben besorgte ich mir große Töpfe, heute würde ich noch größere verwenden. So konnte ich bereits im Voraus aus einem großen Nudelsack vorkochen und ging so jedem Engpass aus dem Wege, auch wenn ein Gast mal nichts an Essen dabei hatte, so konnte ich ihm immerhin Nudeln servieren. Genauso verfuhr ich, wenn ich Suppe kochte. Suppe gab es immer bei mir. Beim Braten der Schnitzel und Koteletts musste ich lediglich aufpassen, wem was gehörte. Meist legte ich Zettel mit dem Namen auf das jeweilige Essen. Zugegeben, manches Mal überkam mich der Gerechtigkeitssinn und ich gab dem Kletterer oder derjenigen Bergsteigerin ein

größeres Schnitzel als sie vielleicht dabei hatten. Wenn eben ein anderer Gast zwei große Stücke Fleisch braten ließ, vertauschte ich groß mit klein. Am Stuiben machte ich es ähnlich. Bemerkt hat nie einer etwas. Hauptsache, es hatte geschmeckt und man wurde satt. Während ich im Oberreintal täglich ab 16 Uhr gekocht hatte und in sechs Sommern 240 Kletterrouten nebenbei absolvieren konnte, herrschen auf der Reintalangerhütte ganz andere Bedingungen. Vollgastronomie von 6 - 9 Uhr, von 11 - 15 Uhr und von 18 - 20 Uhr. Also neun Stunden kochen, vorbereiten, Essen ausgeben, bedienen. Bei den Gebirgspionieren in Brannenburg war ich von achtzehn Monaten Wehrdienst ein Jahr in der Küche. Dabei lernte ich von der Pike auf, für täglich 620 Soldaten zu kochen. Günter Lang aus Donauwörth war damals als Koch ebenso Wehrdienstpflichtiger und hatte schon in prominenten Häusern wie zum Beispiel im „Wilden Mann“ zu Meersburg den Kochlöffel geführt.
1969 – 1970 war er der führende Koch in der Küche I, neben Herrn Wolf, dem zivilen Chefkoch. Günter Lang hatte in mir einen äußerst gelehrigen und fleißigen Lehrling. Gulasch, Schweinebraten, Sauerbraten, Soßen zubereiten, alles lernte ich von ihm, dafür bin ich ihm heute noch dankbar. So gibt es für mich am Beginn meiner ersten Reintalangersaison, was das Kochen anbelangte, keine Probleme. Ein Hindernis besteht lediglich darin, dass es keinen vernünftigen Holzherd zum Kochen gibt, der Vorhandene ist viel zu klein. So standen zumindest am Wochenende jedes Mal Töpfe kreuz und quer übereinander, vernünftiges Arbeiten war da nicht möglich.
Mit Vehemenz mahne ich einen neuen Herd an. Höchstwahrscheinlich hätte ich sonst die Lust am Kochen verloren. Meinem Wunsch wird entsprochen. Im Mai 1987 muss ein Hubschrauber gleich dreimal fliegen, um das 1,2 Tonnen Gewicht des neuen Wamslerherdes zur Hütte zu bringen. Eine Wasserleitung mit Hahn wird am Herd installiert. Seit diesem Zeitpunkt macht das Kochen so richtig Freude, seither hat sich das in keinster Weise geändert und das sind jetzt schon 24 Sommer. Im Laufe der Jahre kommt zur Kochensfreude das Dazulernen aus Kochbüchern, hauptsächlich aber lerne ich viel von den Kniffen anderer Hobbyköche. Auch viele Arbeitsabläufe lernte ich rationeller zu gestalten und einzuteilen. Ganz wichtig ist es das richtige Kaiserschmarrnrezept zu finden, wir haben es von Monika Karg, der ehemaligen Bockhüttenwirtin und Frau von Schäfer „Schlüpfer Schorsch“, bekommen. Kaiserschmarrn ist fast das wichtigste Gericht auf einer Hütte. Vielleicht verbinden die Gäste damit eine gewisse Hüttenromantik, möglicherweise ist es aber auch eine Art Klischee.
Mein Partner Simon Neumann und ich wundern uns immer wieder, dass wir es auch heute - bei 7000 Übernachtungen! - schaffen, binnen kürzester Zeit Anstürme von 100 Gästen zufrieden zu stellen. Hie und da gibt es Geburtstage, an denen wir uns besonders ins Zeug legen. Mit Lammbraten zum Beispiel oder einem köstlichen Nachtisch.

Gruppen, die bei uns Halbpension buchen, lassen wir an den Herd kommen. So kann jeder sagen, was und wie viel er essen möchte. Erstens müssen wir weniger zurückgebrachte Speisen wegwerfen, zweitens gefällt den Gästen der besondere Kontakt in der Küche am Herd, wo es schon immer ein Stück gemütlicher war.

Im Sommer kommt eine Abkühlung in der Partnach sehr gelegen, vor allem nach den anstrengenden Stunden auf dem Sattel.

Mountainbiking

Juni 1986. Meine erste Saison auf der Reintalangerhütte ist gerade 1 1/2 Monate alt. Langsam aber sicher werden die Lawinen am Weg weniger, zwei Wochen noch, dann können wir mit unserer 250er Yamaha durchfahren, ebenso mit dem Haflinger Steyr-Puch, unserem vierräderigen Versorgungsfahrzeug.
Heinz Danzberger, mein damaliger Partner im Reintal, hatte in München ein neues Fahrrad erworben, ein Mountainbike. Die Trendsportart Mountainbiking steckte damals noch in den Kinderschuhen. Aus heutiger Sicht hatte Heinz Danzberger große Weitsicht bewiesen, wenn man überlegt, wieviele Mountainbiker heute das Reintal hinauf fahren. Mountainbiking ist weltweit zu einem riesigen Industrie- und Wirtschaftszweig geworden. Bikermagazine schießen aus dem Boden, eines nach dem anderen. Radführer gibt es wie Sand am Meer, Radtouren in alle Herren Länder und es gibt so gut wie keinen extremen Pfad, der nicht mit einem Mountainbike befahren wird. Sei es die Trekkingroute zum Everest-Basecamp, die Runde um die Annapurna, die Route von Tibets Hauptstadt Lhasa nach Kathmandu, sei es der Inkatrail in Peru, extreme Wege in Feuerland oder versteckte Radtouren in Afrika, Australien, Sibirien oder Alaska. Der schwedische Alpinist Göran Kropp war gar mit dem Rad von Schweden bis Nepal gefahren und dann solo auf den Mount Everest gestiegen, ein in allen Belangen wahrhaft außergewöhnliches Abenteuer.
Ich aber will meine eigene, erste Begegnung mit dem Mountainbike erzählen. Das Zwischenlager für unsere Hüttenversorgung ist der Umschlagplatz an der Hinterklamm. Neben unseren eingangs schon erwähnten Versorgungsfahrzeugen, hatten wir noch das neue Mountainbike, meist hatte es am Umschlagplatz gestanden. Ein schwarzes Bike, Marke Scott. Zu jener Zeit ist das Radfahren für mich nicht ungewohnt, schließlich bin ich täglich von München-Haidhausen zu meiner Arbeit als Gärtner am Klinikum Großhadern hin und wieder zurückgefahren. Das waren etwa 30 km. Im Grunde aber war ich stets ein Geher und kein Radfahrer.
Mein Rucksack ist gepackt, nicht zu schwer, nur vier Laibe Brot sind drin, das sind acht Kilogramm. Etwas zum Trinken nebst trockener Ersatzwäsche ist auch dabei. Ich schwinge mich also auf das Bike und fahre Richtung Bockhütte, die steile Hangbrücke hinunter, vorbei an der sprudelnden Partnach und hinein in den gerade aufgebrochenen, frühlingshaften Mischwald. „Mensch, pass auf, das ist keine Teerstraße!“, alarmiert mich mein Kopf. Großen und kleinen Steinen, nassen Baumwurzeln weiche ich aus, so gut ich kann. Vor mir die erste, längere Steigung. „Nein, nicht absteigen, das schaffst du locker!“, rede ich mit mir selbst. Ich komme leicht aus dem Rhythmus. Unverdrossen bike ich weiter. Der nächste Kilometer

bringt mich vorbei am Oberreintalabzweig zur Bockhütte, zuerst noch über die Partnachbrücke, bestehend aus gefährlichen, rutschigen und nassen Brettern. Immer wieder ist es ein beispielloses Naturschauspiel am direkten Eingang zum Reintal. Wie sich das Sonnenlicht in der Partnach bricht, wie sich die Hochwanner-Nordwand im Talgrund als Welt aus Stein aufbaut, wie sich die Gatterlspitzen über dem blendend weißen Zugspitzplatt erheben. Die Bockhütte ist noch geschlossen, der Schafhirte mit seiner Herde kommt ja erst Anfang Juli. Jetzt trägt mich mein Bike gemütlich den flachen Talgrund entlang, Richtung Blaue Gumpe. Birken, Ebereschen und Bergahorn säumen in ihrem frischen Grün den Weg, der fröhliche Gesang von Finken, Amseln und Meisen begleitet mich auf meiner Radtour. Auch in meinen zurückliegenden Jahren als Hüttenwirt hatte ich bei zahlreichen Aufstiegen ins Oberreintal diese kraftvollen Frühlingsstimmungen erlebt. Bei den sieben Sprüngen, einem kleinen Quellgebiet unterhalb der Blauen Gumpe, steige ich ab und beginne mein Rad zu schieben. Nicht, dass ich die vor mir liegende Steigung mit dem Bike nicht schaffen würde, ich habe nur Angst, dass mir die Kette reißt. Bei der Bank an der Blauen Gumpe verweile ich eine Viertelstunde. Die stille Schönheit des Bergsees wirkt auf mich wie eine Yogaübung. „Zu Fuß weiter zur Hütte? - Nein, ich will schon mit dem Bike ankommen!", halte ich Zwiesprache mit mir. Ich rolle eine heikle, abschüssige Passage hinunter, passiere das breite Gumpengeröllfeld. Am Gerümpel, dem riesigen, von Bäumen und Sträuchern überwucherten Felsausbruch zu Füßen des Höhlenkopfes, die erste Schlüsselstelle, der erste richtig steile Stich. Da ich kein Querfeldeinprofi bin, heißt es erneut schieben. Ich bin nass geschwitzt und die acht Kilo im Rucksack drücken mich jetzt doch schon allmählich. Von wegen unterwegs nachdenken können, so wie es beim Gehen der Fall ist. Ich muss mich auf mein Bike konzentrieren, von Rhythmus keine Spur. Über eine kurze, flache, halb freie, halb bewaldete Strecke kann ich wieder fahren, immer tiefer ins Reintal hinein. An der Hinteren Gumpe, unterhalb der Hochwanner Nordwand, ist wieder Schluss. „Wer sein Fahrrad liebt, der schiebt", heißt es so schön. Dafür fasziniert mich die Landschaft, der Mäander der Partnach, wie er sich beschaulich tief unter mir durch eine hellgraue Bergsteppe zieht. Zweihundert Meter bleiben mir jetzt noch für eine kleine Erholung rollenderweise, bis zum dritten Stich, dem längsten, hinauf zur Brücke im Kar im Fall. Standhaft und unerschütterlich schiebe ich mein Bike. Es wäre erfrischend, wenn man jetzt in den Wasserlöchern des Fallbaches schon baden könnte, im Juni sind diese aber noch zu kalt. Direkt über dem riesigen Partnachwasserfall, wo in der Nähe eine kleine Holzbank zum Ausruhen einlädt, setze ich mich ein letztes Mal auf den Sattel meines Scott Bikes, um aber 300 Meter weiter vorne gleich wieder abzusteigen. Die Vollkarlawine, das letzte Bollwerk vor der Hütte, versperrt mir den Weg. Jetzt heißt es auch noch, das Bike schultern und über die Lawine schleppen. Als Biker muss man ganz schön leidens- und anpassungsfähig sein, natürlich auch als

Berggeher. Nur als Geher oder Wanderer im Gebirge bleibe ich mehr im Rhythmus, bleibe mehr bei mir selbst, kann den Takt für mich besser bestimmen. Ein paar Minuten später erreiche ich die Hütte. Zeit für ein trockenes Unterhemd, für ein Weißbier. Ausgepumpt bin ich nicht, nein, ganz bestimmt nicht, aber ich werde kein Bergradfahrer, kein Mountainbiker, ich bleibe Berggeher und Bergsteiger und natürlich auch Motorradfahrer. Aber heute wollte ich es eben einmal wissen, wie es ist, mit einem Bike hinauf ins Reintal zu fahren. Immerhin würde ich in Zukunft mitreden können mit den Moutainbikern, welche die Reintalangerhütte besuchen oder als eines ihrer Wochenendziele auswählen. Nicht nur, dass es bis zum heutigen Tag sehr, sehr viele waren; manch einer der Biker war auch froh, wenn nach einem Sturz und dem folgenden Hilferuf mit dem Handy einer meiner Mitarbeiter oder ich selbst mit dem Motorrad zum Verletzten hinfahren konnten um ihn notdürftig medizinisch versorgen.

Das Leben als Bergschaf ist nicht ungefährlich. Überrascht von einem verfrühten Wintereinbruch, können sie nur noch per Hubschrauber gerettet werden.

Schafe im Reintal

Wer an die Zugspitze, an Deutschlands höchsten Gipfel denkt, der denkt in erster Linie an die fantastische Aussicht, die man bei klarem Wetter dort oben genießt, der denkt auch an den stillen Eibsee, aber auch an die sonnigen Grasmatten bei Ehrwald und an die markanten Westabstürze der Zugspitze bei Leermoos. Er denkt an das scharf eingeschnittene Höllental, an die kühnen Waxensteine und den luftigen Jubiläumsgrat. Er denkt an das winterliche Zugspitzplatt mit seinen Liften, ganz gewiss aber wird er das wildromantische Reintal mit seinen himmelstrebenden, düsteren Wänden, mit seinem Edelstein der Blauen Gumpe, mit seinem sprudelnden Partnachursprung und seinen zwei grünen Wiesen dem Unter- und dem Oberanger nicht vergessen! Und noch während er bei einem Spaziergang über den Oberanger sinniert, tauchen in seiner Betrachtung weidende Schafe und das Läuten ihrer Glocken auf.

Als sich vor langer Zeit die ersten Menschen drüben im Leutaschtal und hier an der Nordseite des Wettersteins, der seinen Namen erst im Laufe der Zeit erhielt, ansiedelten, waren es dieselben Gesichtspunkte, welche die Menschen auch anderswo überlegen ließen: „Wie können wir hier überleben?".

Also richteten die Siedler ihr Hauptaugenmerk auf natürliche Ressourcen, wie Wasser, Wald und Weide. Bei ihren einfachen Behausungen und Gehöften legten sie Gärten an, trieben Viehzucht und zogen in die umliegenden Wälder, um Holzvorräte zu schaffen für manch kalten Winter. Aus dieser Zeit heraus entwickelten sich Weide- und Holzrechte, die bis heute ihre Gültigkeit nicht verloren haben. Dass es dabei immer wieder Streitigkeiten zwischen dem Tirolischen Leutaschtal und dem Werdenfelser Land um das Grenzgebiet von Wald und Weiden des Reintales gegeben hat, ist uns seit Anfang des letzten Jahrtausends überliefert. Erst gegen Ende des 19. Jahrhunderts, als die letzte Leutascher Viehherde der Privatalm Witting von Mittenwald her über den Ferchensee und die Ellmau ins Reintal getrieben worden war, hat sich die eigene Weidenutzung im Reintal für die Partenkirchner Bauern abgezeichnet und zwar durch den Verkauf des Weiderechts der Tiroler Privatalm an den Markt Partenkirchen.

1925 setzt die Weidegenossenschaft Partenkirchen erstmals einen hauptamtlichen Hirten im Reintal ein. Anton Sieß ist der Erste. Dann folgten Hans Klein, Sepp Rieger (Kroll), Luis Rieger (Kroll), Schorsch Karg (Schlüpfer), Hans-Jörg Rieger (Maunk) und Karl Wörndle. Bedingt durch meine langjährige Zeit als Hüttenpächter habe ich die letzten drei selbst erlebt und erlebe sie immer noch. Schorsch Karg lerne ich zuerst im Oberreintal und dann später im Reintal genauer kennen. Ohne groß

zu übertreiben, kann ich sagen, dass ich zu allen Dreien ein sehr gutes Verhältnis hatte und habe. Jeder war ein ganz eigener Charakter: Alle aber naturverbunden, eigen, tiefsinnig, individualistisch, verbindlich und einen guten Instinkt besitzend. Alle diese Hirten beherrschen es, einen unverwechselbaren Ruf zu erzeugen, um die weit versprengten Schafe anzulocken.
Immer wieder kommt es vor, dass ein Schaf lahmt, in der Partnach ertrinkt oder über eine Wand abstürzt. Wenn durch Wetterunbilden Schafe in Not geraten, sind oft von unserer Seite gute Landschafts- und Lagebeschreibungen wichtig, ist Kommunikation gefragt, um verlorene Schafe wiederzufinden. Ich erinnere mich noch gut an den September 1995, als es schon seit Ende August ununterbrochen bis auf 900 Meter hinunter geschneit hatte. Ein Blick in die Chronik zeigt, dass solche Wetterkapriolen, solche frühen Wintereinbrüche, immer wieder vorgekommen sind. Auch Sepp Rieger (Kroll) hat mir von einem mächtigen Wettersturz in den Fünfziger Jahren erzählt, bei dem zahlreiche Schafe zu Grunde gingen. Damals im September 1995 ist Hans-Jörg Rieger (Maunk) Hirte. Tatsächlich schafft er es, einen Polizeihubschrauber zu organisieren, um die in den Hochregionen vom Winter überraschten Schafe in Sicherheit zu bringen: oben am Jubiläumsgrat, am Hochblassen, im Kirch- Voll- und Gamskar. Schafe steigen und klettern im Laufe des Sommers überall dahin, wo es auch nur einen Flecken fettes Gras gibt und wo es möglich ist, mittels ihrer Ausdauer und Geschicklichkeit hinzukommen.
Rückzugsmöglichkeiten für die Schafe in exponierter Lage hatte es nach diesem Wintereinbruch keine mehr gegeben. Selbst die Masse der etwa 800 Schafe musste von den Schafbesitzern (Schaferer) vom Zugspitzplatt her ins Tal getrieben werden, um größere Verluste unter der Schafherde zu verhindern. Um den 4. September taucht plötzlich ein Hubschrauber des Typs „Bo" der Polizeistaffel München auf und beginnt vom Unteranger aus, der Wiese hinter der Reintalangerhütte, mit der Rettung der Schafe. Ich stelle vier Transportsäcke zur Verfügung, dann geht es los. Zuerst müssen einige der Schafbesitzer an den exponierten Stellen abgesetzt werden, was durch gefährliche Windböen mit erheblichen Schwierigkeiten verbunden ist. Aber auch das Einpacken der hilflosen Schafe bei eisigem Wind ist beileibe nicht einfach. Transportsack aufhalten, vier Schafe im Absturzgelände jeweils in den Sack heben und zugleich die vom Rotorenlärm erschreckten übrigen Schafe im Zaum halten, das erfordert höchste Konzentration. Bei manchen Schafen allerdings kommt jede Hilfe zu spät, sie sind schon den Erschöpfungstod gestorben. Ihnen wird lediglich das Ohr mit der Erkennungsmarke abgeschnitten und in den Hubschraubersack geworfen, um später die Besitzer der toten Schafe ausfindig zu machen. Unten am Anger nimmt Schäfer Hans-Jörg die Hubschraubersäcke mit den eingepferchten Schafen in Empfang, klickt die Karabiner aus dem Windenseil aus und entlässt seine Tiere wieder in die Freiheit. Einige Schafe erleiden allerdings

während des Transports den Herztod oder ihr Überleben konnte nur noch durch Wiederbelebungsversuche, wie Herzdruckmassage sichergestellt werden. Später sitzen die Schaferer schweißdurchnässt und dampfend in ihren Schafwoll-Jankern und warmen Bundhosen in der Hütte und begießen diesen extremen Schafabtrieb. Er bleibt insofern unvergessen, weil es die erste Schafrettung durch Hubschrauber im Reintal war. Normale Schafabtriebe verlaufen wesentlich ruhiger, abgesehen von den feucht-fröhlichen Nächten im Winterraum der Reintalangerhütte und auf der Bockhütte. Meist fahren die Schaferer mit der Zugspitzbahn am Anfang der zweiten Septemberwoche zur Gipfelstation, um von dort aus zu Fuß in einem riesigen Halbkreis verteilt die Schafe am Zugspitzplatt durch Lockrufe und das Ausstreuen von salziger Kleie zusammenzutreiben. Bei schönem Frühherbstwetter ist es ein malerisches Bild, wenn die weißen Schafe immer mehr zu einer großen Herde werdend, zuletzt an der Partnach entlang das Reintal hinaus und dann noch ein paar Tage auf den Stuibenhang hinaufgetrieben werden. Gleichzeitig ist der Schafabtrieb aber auch ein untrügliches Zeichen von Abschied und vom nahenden Ende der Hüttensaison. In der Bockhütte wird gefeiert und am Schafmontag, wenn die Schafe endgültig zurück nach Partenkirchen zum alten Wank-Bahnhof getrieben werden, gibt es ein weiteres Fest und einen fröhlichen Tag, vorausgesetzt, dass die Partenkirchner Bauern ihre Tiere vollzählig und gesund zurückbekommen haben…

Surfen auf der Partnach zwischen Besteigung der Zugspitze, Entdeckungstour zur Blauen Gumpe und dem „Bergsteiger 2000“. Leider wurden die Bergferien für Kinder aus Kostengründen wieder abgeschafft.

Bergferien für Kinder

Im Sommer 1991 ist es endlich soweit. Die Bundesgeschäftsstelle des DAV in der Von-Kahr-Straße in München, Abteilung Jugend- und Kinderbergsteigen, veranstaltet erstmals Kinderkletterkurse auf der Reintalangerhütte. Die Nachfrage ist zunächst so groß, dass in den ersten Jahren jeweils drei Wochen hintereinander ausgebucht sind. Eine Woche Ende Juli, zwei Wochen im August. Wolfgang Pohl, mein Kletterpartner in der Schefflerführe am Oberreintaldom, ehemaliges Jungmannschaftsmitglied der Sektion Garmisch-Partenkirchen und heutiger Besitzer der Berg- und Skischule Vivalpin, war damals in der Bundesgeschäftsstelle zuständig für das Kinderbergsteigen. Er hatte ein offenes Ohr für mich und führte die Kinderkurse ein. Im Jahre 2000 hat das gleiche Gremium aus Kostengründen die Kinderkurse wieder abgeschafft.
Die Landschaft um die Reintalangerhütte ist ein wahrer Abenteuerspielplatz für Kinder. Die Berge, der Klettergarten, der Wald, vor allem aber die Partnach zieht Kinder magisch an, dieser lebendige Gebirgsfluss, von seinem Ursprung gerade mal einen Kilometer entfernt. Einige Kinder bauen Dämme, andere spannen Kletterseile von Ufer zu Ufer, ganz Wagemutige gehen an der nahen Brücke mit selbstgebastelten Surfbrettern zum Wellenreiten. Kleine Kinder bemalen Steine, größere schichten Steinmänner aufeinander, wieder andere leiten das klare Bergwasser um, in kleinere Bachläufe und Rinnsale.
Zahlreiche verschiedene BergführerInnen sind mit den Kindern dieser Kurse auf der Reintalangerhütte. Die Französin Sandrine Callies-Neuhauser aus La Garde am Mittelmeer begleitet die Bergferien für Kinder am längsten. Es ist eine tolle Zeit mit den kleinen Bergsteigern. Sonntags um 13 Uhr ist jeweils Treffpunkt am Skistadion. Hinter der Partnachklamm, dort wo die Reintalstraße von Elmau kommend Richtung Zugspitze führt, stellen wir am Sonntagmorgen für den Gepäcktransport ein Fahrzeug ab. Die Kinder, darunter einige unter 10 Jahren, haben immer „Wolken" von Rucksäcken dabei. Vom Umschlagplatz weg müssen die Kinder ihren Rucksack bis zur Reintalangerhütte selber schleppen. Bei schönem Wetter ist das überhaupt kein Problem, aber wehe wenn ein Gewitter am Himmel steht oder es in Strömen regnet! Dann kann es sein, dass das Abendessen auf der Hütte lange warm gestellt bleiben muss. Immer wieder rücken wir mit unseren Motorrädern aus und fahren den Kindern entgegen. Hauptsächlich die Kleinsten und Jüngsten müssen abgeholt werden, wenn sie durchnässt sind. Kaum sitzen sie aber auf Tank oder Sozius, sind sie übermütig und genießen das wilde Motorradabenteuer. Manche Kinder aber sind äußerst zäh, lassen sich auch von schlechtem Wetter nicht unterkriegen und laufen mit ihren Rucksäcken bis zur Hütte, während andere sich gehen lassen, sich

hinsetzen und keinen Schritt mehr machen. Wenn wir genügend Zeit finden, darf jeder auf das Motorrad, dann gibt es keine Eifersüchteleien.
Auf der Hütte kurzes Umziehen und Bekanntmachen, das Essen steht schon auf dem Tisch; warme Suppe und die heiß geliebten Spaghetti mit Tomatensoße. Zum Nachtisch gibt es oft Schokoladenpudding. Allein schon die Essenszeremonie und das Abholen auf dem Motorrad versetzt die Kinder in einen kleinen Abenteuerrausch und was viel ausmacht, weit weg von daheim. Natürlich gibt es auch ab und zu Tränen wegen Heimweh. Ist das Abendessen verzehrt, werden die Schlafplätze vergeben. Die Buben in den Winterraum, was für sie das absolut Tollste ist, und die Mädchen ins kleine Lager 1. Dass es in diesen Lagern unter der Woche nie aufgeräumt ist, stört keinen Menschen, am wenigsten die Kinder, im Gegenteil, das erhöht die Unabhängigkeit von daheim umso mehr. Man kann sich diese Unordnung auch als Kunstwerk vorstellen. Zwischen den Socken und Pullovern die Gummibärchen, zwischen Handtüchern, Hosen und T-Shirts ein zerbröselter Keks, zwischen Rucksäcken und Schuhen die Zahnbürste - und das bei 10 Buben und 10 Mädchen. Der Höhepunkt der Woche ist die Tour auf die Zugspitze mit der Besteigung des 2962 m hohen Ostgipfels. Wir vom Reintalteam freuen uns mit den kleinen Bergsteigern, wenn an diesem Tag schönes Wetter herrscht und alle mit ihren Begleitern den Gipfel erreichen. Gerade die Zugspitzbesteigung ist für die meisten Kinder das Bergabenteuer schlechthin. Sie sind in einer Art Traumwelt unterwegs, erleben neben Landschaft und unnahbarer Natur, Ursprünglichkeit und andere Horizonte, erleben, was es bedeutet, hungrig und durstig zu sein. Gerade deshalb sind die Berge so gute Lehrmeister. Als Anerkennung für den erfolgreichen Gipfeltag gibt es Pizza, und unter großem Hallo spendieren wir als Belohnung eine Kiste Spezi. Schön ist es, wenn man am nächsten Morgen ausschlafen darf, als kleiner Preis für die Anstrengung des Vortages, derweil richten wir schon das Frühstück für die Jugend auf den Tischen der Partnachinsel, mitten drin zwischen den Gebetsfahnen. Ein weiterer Höhepunkt ist die Wanderung zur Blauen Gumpe und über das Gerümpel zurück zur Hinteren Gumpe, dem Klein-Alaska des Wettersteins. Welch toller Spielplatz tut sich da auf, unter den riesigen Wänden von Höhlenkopf und Hochwanner.
Die weite Fläche des verlandeten Bergsees, die unzähligen Kieselsteine, das Wurzelwerk dürrer Bäume, die verzweigten, grünen Läufe der Partnach und in der Ferne der weiße, tosende Wasserfall. In Gesellschaft einer versprengten Schafherde entfachen die Kinder ein Lagerfeuer und grillen und braten fürs Mittagessen Kartoffeln und Wiener Würstchen, dabei darf nie die Flasche Tomatenketchup fehlen. Vor dem Aufstieg zum Reintalweg nahe des Wasserfalls gibt es noch ein tolles Echo aus der Hochwanner-Nordwand, in dem die Kinder mit einem dicken Stecken auf den größten Blechdeckel einer Bratpfanne hauen. Das ist ein Spaß, dass ihn gleich alle nachmachen wollen. Vorne am Vollkarbach warten zum Ausklang des

Tages kleine Wassergumpen zum Baden und zum Hinabrutschen, sogenanntes Canyoning. Dabei erfahren die Kinder Höhe und Tiefe, das Element des Wassers, vor allem aber die Intensität eines ausgefüllten Tages. Den dritten Höhepunkt dieser Bergferienwoche gibt es zum Abschluss, die Hüttenolympiade. Gleich nach dem Mittagessen unten am Winterraum, des kleinen und so wertvollen Holzhäuschens neben der großen Reintalangerhütte. Vier Kinder bilden jeweils eine Mannschaft, also sind das bei 20 Kindern 5 Teams. Als erste Übung muss von jeder Gruppe ein Maßkrug mit Partnachwasser gefüllt werden, dabei darf zum Auffüllen nur der Mund verwendet werden. Anfeuerungsrufe und Kindergeschrei geht da kreuz und quer durcheinander, aber ein Spaß ist es wie die Kids zur Partnach rennen und mit ihrem Mund das klare Bergwasser transportieren. Die nächste Aufgabe lautet: Wer baut den schönsten Steinmann? - ein kreatives Spiel am Ufer der Partnach, schön auch zum Zuschauen.

Der Bergsteiger 2000 ist die dritte Übung. Dabei sind der Kreativität der Kinder keine Grenzen gesetzt, so futuristisch wie möglich müssen die Alpinisten aussehen. Mit Gletscherbrille, Seil, Haken und Karabiner. Mit Abzeichen am Rucksack und dicht aufgetragener Sonnencreme auf den Lippen, mit einem Sender am Steinschlaghelm ausgestattet, mit cool ausgeschnittenem T-Shirt und natürlich darf das Handy nicht fehlen, das bekommt einen besonderen Platz mit Gummiband am Oberarm. Die Hüttencrew darf dann den markantesten und am besten hergerichteten Kletterer 2000 bewerten. Nun hat die Hüttenolympiade auch noch ein paar kulturelle Fragen, alle hingeschrieben auf einen Papierblock. Wie hoch ist die Zugspitze, wer war Franz Fischer, wie alt ist die Hüttencrew zusammen, wann ist die Hütte erbaut worden und so weiter.

Zwanzig Fragen sind es, die so schnell wie möglich beantwortet werden müssen, ohne dass eine Gruppe von der anderen abschaut. Der letzte Teil dieses Spiels ist gerade für uns besonders interessant, weil alle Kinder zu uns in die Küche kommen, um uns Löcher in den Bauch zu fragen. Am Abend nach einem gemeinsamen Lagerfeuer hinten auf der Hüttenwiese gibt es dann von uns, unter großem Beifall der anderen Gäste, die Siegerurkunden ausgehändigt. Als besondere Dreingabe gibt es natürlich Musik, welche die Bergferienkinder besonders lieben, genauso wie den Weckruf, den es natürlich jeden Morgen gegeben hat. Auch beim Abschiednehmen am Samstagvormittag spielen wir noch drei Lieblingsstücke der Kinder.

Schöne Zeiten sind das mit den kleinen Bergsteigern! Natürlich hat jeder von uns seine Lieblinge, meist sind es Kinder, die oft an der Küchentüre anklopfen, um mit uns in Kontakt zu kommen. Kinder, die Wärme suchen oder uns beim Abwasch helfen. Es gibt aber auch andere Charaktere, verschlossene und vorlaute Kinder und auch manche, die sich nur sehr schwer in eine Gruppe einordnen können. Wir spüren es sofort, wenn Kinder nur von zu Hause abgeschoben werden, anders

herum ist es schön, selbstbewusste Kinder zu erleben, bei denen man weiß, dass Eltern viel mit ihrem Nachwuchs unternehmen. Manche kommen während der Saison noch einmal mit Mama und Papa auf die Hütte. Manche der Kursteilnehmer werden später Mitarbeiter der Reintalangerhütte und viele Kinder kehren später als Erwachsene zurück zu ihrem Spielplatz im Wetterstein. Erst im vergangenen Sommer war wieder einmal ein ehemaliger Kinderkursteilnehmer auf dem Weg zur Hütte, begleitet von seinen zwei Brüdern und seinem Vater. Unsere Begegnung fand unter dramatischen Umständen statt. Gemeinsam mussten wir einen bewusstlosen Wanderer, der einen Herzinfarkt erlitten hatte, wiederbeleben. Es gelang uns, das Herz des älteren Mannes wieder zum Schlagen zu bringen. Das Gehirn des Touristen war durch Sauerstoffverlust aber schon so in Mitleidenschaft gezogen, dass er auf dem Weg ins Krankenhaus im Hubschrauber verstorben ist.
Am späten Abend sind wir dann noch zusammengesessen bei einem Glas Wein und erinnerten uns an die Kinderbergferien zwischen 1991 und 2000 auf der Reintalangerhütte.

Umweltbewusst, der Junge: Alufolie ist viel zu schade zum Wegwerfen.

Die Blaue Gumpe war ein ganz besonderes Juwel
des Wettersteingebirges. Doch die Natur kann ebenso zerstörerisch
und vernichtend sein, wie schön und sanft.

Das Ende der Blauen Gumpe

In einer Augustnacht ist sie gestorben, unbemerkt, in der Finsternis eines gerade neu geborenen Tages. Geröll und Gesteinsmassen hatten ihr das Bett streitig gemacht und über Nacht zugeschüttet. Die Blaue Gumpe im Reintal, ein Edelstein der Nördlichen Kalkalpen, eines der Wahrzeichen des Wettersteingebirges. Vor ungefähr 350 Jahren durch einen Bergsturz entstanden.

Am Samstag, den 20. August 2005, nach einigen brütend heißen Tagen, öffnet der Himmel seine Schleusen und schließt sie nicht mehr, drei Tage lang. Tief hängende Wolkenbänke hüllen die umliegenden Gipfel des Wettersteins in düsteres Grau, da und dort lassen sich ein paar schwarze Felszacken in den grauen Wolkenmassen sehen. Über die 1200 m hohen Abstürze des Kleinen Wanners, gegenüber der Reintalangerhütte, tosen gewaltige, lehmgelbe Wasserfälle in die Tiefe, ebenso über die Wände des Hohen Kammes. Auch hinter der Hütte hört man durch die Wolkenbänke das Donnern riesiger Wassermassen, wie sie vom Kirchturm und vom Vollkar herunterschießen. Auch vom Zugspitzplatt ergießen sich mächtige, breite Wasserstraßen ins Reintal, am Wassermesspunkt der Turbine wird ein Niederschlagswert von gewaltigen 24 Liter pro Quadratmeter/Stunde registriert.

Die Partnach wird mehr und mehr zu einem breiten Gebirgsstrom und reißt alles, was sich ihr in den Weg stellt, mit sich. Latschenkiefern, Baumstämme, Teile von Bergwiesen, Geröll, Felsbrocken. Jahre alte, aufgeschichtete Geröllbänke werden vom immer höher steigenden Wasser unterspült und stürzen in sich zusammen, ein schauriges Schauspiel in der grauen Hölle des Reintals. Fünfundzwanzig Gäste befinden sich noch auf der Reintalangerhütte, davon drei Kleinkinder. Sie haben keinerlei Chance, die Hütte talwärts zu verlassen, zu sehr toben Wolkenbrüche, Partnach und seitliche Bergbäche.

In den Gesichtern der Hüttenbesucher spiegeln sich Furcht, Angst und Angespanntheit. Zu allen Unwettern reihen sich nun auch noch die düsteren Radiomeldungen über Hochwasser im Werdenfelser Land. Die Partnachklamm überflutet die Ortsmitte von Garmisch-Partenkirchen. Eschenlohe, das Dorf an der Loisach, ertrinkt ein zweites Mal innerhalb von sechs Jahren in den Fluten.

Unaufhörlich geht in der ersten Nacht der Spuk weiter, ebenso in der zweiten. Das Getöse der Partnach nimmt ein nie gehörtes Dröhnen an, riesige Felsblöcke schiebt das braune Wasser vor sich her, es ist wie eine wüste Komposition aus Bersten, Schwemmen und Grollen. Die Mienen der Gäste verfinstern sich mehr und mehr, die Kinder weinen, als ob sie damit das Unwetter beeinflussen könnten. In bunten Anoraks stehen sie auf der Hüttenterrasse unter dem Vordach und starren mit aufgerissenen Augen auf die mehr und mehr zu einem See werdende Partnach. Stündlich meldet das Radio Katastrophenalarm. In Garmisch-Partenkirchen kann das Schlimmste rechtzeitig durch Auftürmen von Sandsäcken abgemildert werden, in Eschenlohe dagegen schlägt die Katastrophe voll zu. Keller, Garagen, Wohnhäuser und Straßen stehen unter Wasser, der Schaden geht in die Millionen. Wir auf der Hütte können durch schnelles und umsichtiges Hochdrehen des Tiroler Wehrs die Funktion der Wasserturbine aufrecht erhalten, denn ohne Strom kein Telefonieren, und unsere Handys haben entweder keinen Empfang oder sind bald leer. So aber können wir im Falle eines Falles immer noch einen Notruf absetzen.

Zwischenzeitlich ist es Dienstagmorgen geworden. Der Professor der Geographie, Karl Wetzel aus Tutzing, schon seit Wochen mit Farbversuchen des Partnachwassers beschäftigt (wann, von wo, wie schnell das Oberflächenwasser des Zugspitzplattes den Partnachursprung erreicht), war übers Wochenende bei seiner Familie in Tutzing. Bei Tagesanbruch steigt er wieder das Reintal hinauf. Gegen 9 Uhr trifft er bei uns ein. Noch bevor er uns begrüßt, quillt es aus ihm heraus: „Die Blaue Gumpe ist weg! Das Wasserloch ist zugeschüttet mit Unmengen von Kies, Geröll und Geschiebe. Der natürliche Staudamm ist dabei geborsten und hat fast den gesamten Wanderweg bis zur Bockhütte zerstört.“ „Wie, wo, was?“, will ich wissen. „Ja, der Weg ist teilweise über 40 m hoch abgebrochen.“

Dann erst sagt Karl Wetzel „Guten Morgen“ und zieht dabei seinen triefend nassen Anorak über den Kopf. Zu unserer ohnehin schon trüben Stimmung kommt nun auch noch diese niederschmetternde Nachricht: „Die Blaue Gumpe gibt's nicht mehr.“ Wenn man solange in der Nähe eines solchen Naturdenkmals arbeitet, klettert, wandert oder daran vorbeifährt, ist einem so ein Fleck Erde besonders ans Herz gewachsen. Lange jedoch kann ich nicht mit dem Schicksal hadern, die Natur hat den See gegeben, nun hat sie ihn genommen.

Während die erwachsenen Gäste heute Vormittag den Weg ins Tal zu gehen versuchen , müssen die Kinder spätestens morgen nach Garmisch - Partenkirchen, koste es was es wolle. Aber wie? Zufällig ist seit ein paar Tagen Peter Pruckner mit seinem Sohn Michi hier oben. „Peter kannst du mir beim Absichern des Weges helfen?“, frage ich ihn. „Natürlich, Charly“. Wir wissen zwar nur in etwa von der Beschreibung Karl Wetzels, wie der zerstörte Weg aussieht, für alle Fälle packen wir vier Kletterseile, einige Karabiner und Felshaken in unsere Rucksäcke. Beil, Pickel, Hammer und eine Drahtrolle nehmen wir ebenfalls mit auf den Weg. Bei allem Ernst sind wir doch etwas aufgekratzt, das letzte Mal, dass Peter und ich etwas zusammen unternommen hatten, war genau vor 21 Jahren im Oberreintal, wo wir beide zusammen die Oberreintaldom Südwestkante (Schoberkante) kletterten. Damals hatten wir einen schönen, trockenen Septembertag. Heute schultern wir unseren Rucksack bei ganz miserablem Wetter. Immer noch sind die Gipfel des Wettersteins wolkenverhangen und immer noch regnet es, doch deutlich weniger als während der letzten Tage. Bis zur Blauen Gumpe gibt es so gut wie keine Zerstörungen, aber statt des Lächelns des Bergsees, starrt uns jetzt eine braune Steinwüste an, in deren Mitte die brodelnde Partnach über den gebrochenen Damm ungestüm in die Tiefe Richtung Bockhütte stürzt. Gleich unterhalb der ehemaligen Blauen Gumpe erschrecken wir das zweite Mal über die Zerstörungskraft der Natur.

„Das gibt es doch gar nicht!", entfährt es mir. Und Peter Pruckner meint nur lakonisch: „Omei-Omei". Als vergangene Nacht der Damm der Blauen Gumpe gebrochen ist, muss das Wasser des Gebirgssees mit seiner ganzen Wucht das Tal hinausgeschossen sein, nichts konnte mehr standhalten. Weder Baum noch Strauch, weder bewachsener Hang noch Wegbegrenzungen. Nur noch riesige, steile Kieshalden sind zu sehen; an der Stelle, wo wir jetzt stehen, sind es gut und gerne 40 Meter, wo der Weg abgebrochen ist. Ahnungslose Wanderer würden hier in der Dämmerung in die Tiefe stürzen. Also holen wir die ersten Bergseile aus dem Rucksack und befestigen sie mit großen Mastwürfen an einzelnen Fichten als Absperrung. Bis wir in sicherer Entfernung der Abbruchstelle einen anderen notdürftigen Weg durch die Büsche schlagen können, reicht diese Vorsichtsmaßnahme erst einmal. Einen knappen Kilometer weiter bietet sich uns ein noch katastrophaleres Bild. In einer Rechtskurve ist vom Reintalweg auf einer Länge von 200 Meter nichts mehr zu sehen, stattdessen ist ein ganzer Hang samt einem Waldstück in die Tiefe gestürzt. Kreuz und quer liegen Ahornbäume, Fichten, Buschwerk und Felsblöcke übereinander. Die Partnach fließt nicht mehr geradeaus, sondern in einem riesigen Rechtsbogen frontal gegen senkrechte Abbrüche und unterspült diese erneut. Der nächste Hangrutsch wird nicht lange auf sich warten lassen.

„Wo sperren wir ab?", fragt mich Peter. „Die einzige Möglichkeit ist links oben im Wald", antworte ich ihm mit sorgenvoller Miene. An einer einzelnen starken Fichte befestigen wir den Seilanfang mit einem Mastwurf und klettern dann über dem Abgrund in einen steil aufsteigenden Wald hinein. Hier finden wir genügend Möglichkeiten, das Seilgeländer weiter zu spannen. Aufwärts, waagerecht, abwärts, dorthin, wo der Reintalweg noch einigermaßen begehbar ist. Die riesigen Kiesmengen, welche die Partnach mit sich führt, erhöhen das Flussbett um einen guten halben Meter. Das heißt, dass auch der übrig gebliebene noch nicht zerstörte Wanderweg völlig überspült ist. Wenn sich das bis morgen nicht ändert, müssen wir mit den Kindern wohl oder übel durch das eiskalte Wasser stapfen. Die Wassermassen haben die Stromversorgung der Bockhütte lahm gelegt, und weiter vorne, Richtung Umschlagplatz, ist der Weg ebenfalls auf einer Länge von 150 Metern zerstört und überflutet. Das gesamte Szenario schlägt uns ziemlich auf den Magen. Mitten in der Hochsaison hat das tagelange Unwetter zweierlei zur Folge. Jede Menge körperliche Mehrarbeit einerseits, und andererseits auch noch einen riesigen Umsatzverlust.

Hervorgerufen durch die Sperrung der Partnachklamm und durch die ständigen Katastrophenmeldungen im Rundfunk, welche die Zugspitzgeher abhalten. So gesehen, sitzen wir vollkommen in der Falle. Und doch ist es so, dass die Natur eben ihre eigene Sprache spricht und man gewisse Dinge hinnehmen muss und man sich am besten darauf einstellt. Es ist wie mit den Lawinen im Frühjahr, wo wir jährlich bessere Methoden zu deren Beseitigung erfinden, so heißt es auch hier, mit der Natur arbeiten. Den Puls der Natur hautnah spüren, ist etwas unwahrscheinlich Intensives. Hier im Reintal ist es nichts anderes, als wenn ein Fischer im Meer in seinem Boot sitzt und die Brandung an einer Steilküste erlebt. Die Naturkatastrophe im Sommer 2005 war sicherlich die schwerste in meiner dreißigjährigen Hüttenwirtszeit, angesichts unseres riesigen Universums im Grunde aber bedeutungslos.
Die Kinder haben wir am nächsten Tag, auch wenn wir mit Gummistiefeln durchs Wasser waten mussten, sicher ins Tal gebracht...

Wo früher das grünblaue Wasser schimmerte, liegt heute graues Geröll.

Herbst im Oberreintal

Der Föhn fällt ein
ins bunte Blätterdach.
Der Bergahorn verliert sein Kleid.
Ein Hüttenfensterladen knarrt,
ein erster Reif lässt ahnen,
das Sonnenlicht verharrt,
bald zieht der Winter seine Bahnen.

Ein letztes Feuerwerk am Himmel, dann geht die Sonne unter.
Bald wird das Oberreintal in tiefen Winterschlaf fallen.

Herbsttag

Zauberhaft liegt der Mischwald oberhalb des Oberreintalbodens im Morgendunst. Die letzten Serpentinen liegen hinter mir. Die Domnordwand liegt im Schatten. Ihre markanten Pfeiler ragen wie hellgraue Kerzen in den herbstlichen, azurblauen Himmel hinein. Drüben am Schachenweg ein einzelner Wanderer. In ein paar Tagen geht die Bergsaison zu Ende. Oberhalb von mir äugt eine Gämse neugierig auf mich herunter, ein verirrter Schmetterling setzt sich auf eine dürre Staude, fast unwirklich um diese Zeit. Noch ein paar Schritte, dann erreiche ich das Türl zum Oberreintal. Es ist Vormittag. Die Herbstsonne kommt erst spät über den Schüsselkar - Westgrat. In wenigen Minuten wird sie den wilden Felskessel in ein märchenhaftes Licht tauchen. Zuerst treffen ihre Strahlen braune Grasmatten oberhalb des Plattenschusses, kurze Zeit später verwandeln sie das bunte Blätterwerk der Bergahorne am Oberreintalboden in ein einziges Feuerwerk. Doch nur kurz dauert das Schauspiel. Der Gipfelgrat der Schüsselkarspitze ist für die Herbstsonne zu hoch. Das diffuse Licht der Schatten löscht den goldenen Festsaal aus. Erst am späten Nachmittag trifft das Sonnenlicht noch einmal kurz den Unteren Berggeistturm. Weltverloren hört sich das Seilkommando aus einer der vielen Oberreintal Kletterrouten an. „Kri-Kri“ schreit eine Dohle ihre unverkennbaren Laute durch das Felsenrund. Am Abend sitzen ein paar Kletterer am Stammtisch vor einer brennenden Kerze und einer gemütlichen Flasche Wein. Sie reden über schwierige Felsrouten im vergangenen Sommer. Das Oberreintal wartet auf seinen Winterschlaf.

Ohne die Umzäunung der kleinen Bergahorn-Setzlinge
wären sie wohl alle dem genüsslichen
Schmatzen der Schafe zum Opfer gefallen.

Bergahorn

Der Bergahorn kann über 30 Meter hoch und über 500 Jahre alt werden. Mit aufstrebenden Ästen und einer abgerundeten Krone besitzt er als Solitär eine eindrucksvolle Gestalt. Nachdem in Deutschland 1995 bereits der Spitzahorn zum Baum des Jahres gewählt wurde, kommt 2009 dem Bergahorn diese Ehre zuteil.
Sommer 1980. „Das ist vergebene Liebesmüh". Heute noch höre ich die Stimme und die Worte des damaligen Heeresbergführer-Lehrgangleiters Major Josef Anzenberger, der mich beobachtet, wie ich kleine Bergahornsetzlinge um die Oberreintalhütte verteile, einpflanze und einzäune.
Voraus geht mein erster Hüttenwirtsommer im Oberreintal, den ich mit wahrer, intensiver Leidenschaft auskoste, so, als wäre ich selbst ein Baum, der kurz vor dem Vertrocknen Wasser braucht. Gleich im Frühling 1979 beginne ich meine erste Umweltaktion in der Umgebung der Oberreintalhütte. Früher, als ich nur als Kletterer im Reich der Dome geweilt hatte, war mir die Müllhalde, 30 Meter hinter der Hütte gar nicht so aufgefallen, doch jetzt, wo ich im Oberreintal arbeite und die Umgebung der Hütte genauer erkunde, umso mehr. Alte Blechbüchsen, zerbrochene Flaschen, Fensterglas, Bettfedern, Plastikdosen und andere Zerfallsprodukte sind alles andere als eine Dekoration für dieses wunderschöne Fleckchen Erde. Also nehme ich mir täglich eine Stunde Zeit und fülle Müllsack für Müllsack mit dem alten Gerümpel. Nach dieser ersten kosmetischen Umweltaktion suche ich nach geeigneten Graspolstern, die ich für die ausgeschaufelte Fläche der Abfallgrube verwende. Niemand ahnt, wenn er heute daran vorbeikommt, dass da früher die Oberreintal-Müllhalde ihr Leben fristete. Die Piloten des Sicherheitshubschraubers vom Heeresbergführer-Lehrgang fliegen freundlicherweise die gesamten vollen Müllsäcke zur Entsorgung ins Tal. Wenn ich nicht gerade beim Klettern bin, unternehme ich weitere Spaziergänge um die Hütte. Als täglichen Ausgleich gewöhne ich mir eine halbe Stunde an. Außerdem ist es mir ein Bedürfnis, wenigstens einmal am Tag für längere Zeit frische Luft zu schnappen, als so genannter Passivraucher in der Raucherzone. Bei einem meiner Außengänge um die Hütte fällt mir auf, dass es um den Jungbestand des Bergahorns ganz schlecht bestellt ist. Bis jetzt hatte noch niemand darüber nachgedacht, und anscheinend ist es auch niemandem aufgefallen.
Schon vor langer Zeit, also noch vor 1900, waren Schafe der Weidegenossenschaft Partenkirchen ins Oberreintal, ins Reintal und auf den Schachen getrieben worden. Anton Schmid, einer der ersten Kletterer im Oberreintal, hatte einmal von einer Begegnung mit Schäfern erzählt, die an diesem weltfernen Ort mehr als überrascht waren, Menschen zu begegnen. Damals denkt noch niemand an den Bergahornnach-

wuchs, nach und nach wird der Oberreintalgrund aber stetig kahler. Logisch, die Schafe grasen jedes Jahr fast zwei Monate die fette Wiese um die Oberreintalhütte ab, da haben junge Ahornbäumchen keine Chance aufzukommen. Nur ganz vereinzelt, an geschützten Stellen, gibt es noch welche. Wie könnte ich nun jungen Ahornbäumchen die Möglichkeit geben, größer zu werden, länger zu wachsen, ohne gleich das ganze Oberreintal einzuzäunen und ohne den Schäfern zu nahe zu treten? Man müsste sie einzeln einzäunen, niemand könnte etwas dagegen haben. So beginne ich mit 20 cm hohen und 8 cm im Durchmesser breiten, schwarzen Plastikrohren. Ich drücke sie in den Boden, als Schutz für zunächst 100 Sämlinge. Dieser Versuch geht gründlich daneben, die Sämlinge bekommen nicht genügend Licht und gehen ein. Also muss ich anders vorgehen. Einzelne Drahtgitterzäune befestigt an drei oder vier Pfosten, je nachdem, wie ich sie in den steinigen Boden einschlagen kann, müssten die Lösung sein. Zunächst suche ich das Forstamt Partenkirchen auf, um dort von meinem Plan zu erzählen. Nach etwas längeren Debatten bekomme ich vier Rollen verzinkten Maschendraht und ungefähr einhundert Pfähle zur Verfügung gestellt. Beim Verlegen des jeden Sommer stattfindenden Heeresbergführer-Lehrgangs ins Oberreintal werden - neben Zelten und Ausrüstung für die Lehrgangsteilnehmer - auch die Pfähle und der Draht mit dem Hubschrauber zur Hütte gebracht. Die sprichwörtlich gute Zusammenarbeit mit der Bundeswehr in Mittenwald, hatte auch hier in dankenswerter Weise ihre Früchte getragen.

So beginne ich, wenn es die Zeit neben der Hüttenarbeit zulässt, zunächst einmal mit dem Einschlagen von Pfosten. Meistens nehme ich drei Pfähle für einen Platz. Bald sieht man an 40 Plätzen, vom Eingang zum Oberreintal bis zur Wasserfallwand am Sockel des Oberreintalturms verteilt, Pfähle aus dem Boden wachsen. Den Draht bringe ich nach dem Einpflanzen an. Zum Großziehen nehme ich diesmal aber keine Bergahorn-Sämlinge, sondern grabe halbwüchsige Bäumchen, die schon einen halben Meter gewachsen sind, aus. Unten am Schachenabzweig gibt es genug davon. Beim Ausgraben versuche ich stets, wenigstens ein bisschen Mutterboden an den Wurzeln zu lassen, um zu gewährleisten, dass die jungen Bäume besser anwachsen. Manchmal arbeite ich alleine als Pflanzer, oft aber helfen mir Freunde und Bekannte. Unten am Schachenabzweig zäune ich ebenfalls ein größeres Areal junger Ahorne ein.

Später, als ich meinen Abschied vom Oberreintal nehme, werde ich als Vater der Ahornbäume bezeichnet. Mir persönlich ist es aber viel wichtiger, dass der unvergessene Franz Hofmann, Erfinder der Hüttenwasserspiele und Erbauer der Fotovoltaikstromgewinnung im Oberreintal und am Stuiben, meine kleine Umweltpioniertat fortsetzt. In wesentlich größerem Stil setzt er alleine 800 Baumsetzlinge oberhalb der Hütte in einer Art von hochalpinem Garten und zäunt sie ein. Für seine vorbildliche, ehrenamtliche Arbeit bekommt er in den 90er Jahren den Bayerischen Umweltpreis, dotiert mit 20.000 DM. Großzügig überlässt er den Betrag der Sektion Garmisch-Partenkirchen für Renovierungsarbeiten an diesem hochalpinen Garten. Und wenn ich heute ab und zu das Oberreintal besuche, dann bleibt mir nur das Staunen, welch große Bäume aus meinen Setzlingen geworden sind. Keine vergebene Liebesmüh!

Erst besinnliche Einweihung und später wird gefeiert.
Zum besonderen Anlass gibt es eine neue Biermischgetränk-Kreation:
Ein Helles vom Fass mit würzigem Kletterschuharoma!

Sechzig Jahre Oberreintalhütte

Im Laufe der Jahrhunderte hat sich der wilde Felskessel im Oberreintal kaum verändert. Da und dort ein Felssturz, der sich in eines der Hochkare ergossen, oder ein Geröllfeld, das sich mehr und mehr aufgetürmt hatte, bis eines Tages ein kolossales Unwetter hereinbrach und seine Furchen in dieser Kalkhalde hinterließ. Gemessen an den Jahrhunderten sicherlich unbedeutende Spuren und Kratzer in dieser ursprünglichen Landschaft.
Dereinst aber, wenn die Alpen der Erosion oder einer tektonischen Katastrophe zum Opfer fallen, werden die Kalksteine des Oberreintals irgendwo am Meeresgrund dahinrollen, zu Sand werden, um eines Tages als neues Gebirge aufzuerstehen, wie einst vor Jahrtausenden die Alpen, im ewigen Kreislauf der Natur.
Wir Menschen, die im beharrlichen Lauf der Natur und des Universums wahrscheinlich nur ein vorübergehendes Dasein führen werden, haben im 20. Jahrhundert eine kleine Hütte in das Reich der Wände, Grate, Dome hineingebaut. Genauer gesagt, nach einer Bauzeit von zwei Jahren, ist die Oberreintal- und heutige Franz-Fischer-Hütte am 10. September 1922 eingeweiht worden. Nach jahrelangem Streit mit der Sektion München hatte ein Schiedsgericht der Sektion Garmisch-Partenkirchen des Deutschen Alpenvereins das Recht zugesprochen, an diesem phantastischen, beschaulichen Platz eine Zuflucht und einen Aufenthaltsort für die Kletterer und Besucher des Oberreintals zu errichten.
Ich persönlich betrachte es als ein großes Glück, dass ausgerechnet in meine Zeit als Oberreintalhüttenwirt 1979 - 1984, die 60 Jahr-Feier fällt. Die Vorbereitungen für den 25. September 1982 beginnen bereits im Sommer davor. Schon lange waren mir und Werner Lindauer, dem damaligen und langjährigen Hüttenreferenten der Oberreintalhütte, die schimmeligen Wände im Inneren der Hütte ein Ärgernis. Mein Vorschlag, die Wände samt und sonders abzuspachteln und zu säubern, finden in Werner Lindauers Ohren sofort Anklang. So beginne ich, wenn gerade mal nichts los ist, mit dem feuchtesten Eck und das ist eindeutig das Stammtischeck. Und siehe da, Fresken, die damals beim Bau der Hütte in den zwanziger Jahren um jeden Fensterstock gemalt worden waren, erscheinen wieder, zwar nicht in voller Schärfe, aber immerhin. Mit Wassereimer, Spachtel und Brille, in Gummistiefeln und blauem Arbeitsanzug bringe ich die Innenwände der Hütte wieder in ihren Rohzustand. Während eines Arbeitseinsatzes werden sie im kommenden Jahr an einem Schönwetterwochenende renoviert. Der Sommer 1981 gilt als der eigentliche Startschuss für den Aufbruch in eine neue Kletterzeit im Oberreintal, für den Aufbruch ins Sportkletterzeitalter, nach dem Startsignal „Pumprisse“ im Wilden Kaiser. Die

Oberreintalelite steht voll in den Startlöchern. Amadeus begradigt mit Christoph Krah seine „Neue Westwand" mit dem Idealausstieg, dasselbe gelingt Stefan Beulke und Joachim Gössner an der „Brandler am Dom" mit der „Hey Joe" Variante. Doch sind diese beiden Erstbegehungen nur der eigentliche Einstieg in den Paradesommer 1982 mit seinen dreizehn Neutouren im Reich der Grate und Türme.
Die Restaurierungsplanungen laufen im vollen Umfang. Den Arbeitseinsatz mit Malern, Maurern und Dachdeckern legen wir auf das letzte Juliwochenende, genau 2 Monate später sollte dann die 60 Jahr-Feier im Oberreintal stattfinden. Maler Otto Ertl und Spengler Johann Stöcklein finden sich schon am Freitagabend ein, um am nächsten Morgen gleich an die Arbeit gehen zu können. Werner Lindauer, Franz Vojk, der Schweizer Bartl, Franz Dengg, Franz Hofmann und ich ergänzen das Arbeitsteam, um die Oberreintalhütte innen und außen im neuen Kleid erstrahlen zu lassen. Um Bänke, Tische und Stühle ins Freie zu tragen, helfen mir manche der Jungmannschaft oder ich frage Kletterer, ob sie nicht kurz Hand anlegen wollen. Gerüst aufbauen, Holzboden mit Karton auslegen, Getränke und Brotzeit herrichten, Farbe anrühren, Außenwände zuspachteln, Kaffee und Kuchen aufdecken, alles will getan sein. Um einen Arbeitseinsatz reibungslos über die Bühne zu bringen, braucht man natürlich auch schönes Wetter, das ist nicht planbar, aber wir haben dieses Glück. Spengler Stöcklein und der Schweizer Bartl arbeiten am Dach, Werner Lindauer, Franz Vojk und Otto Ertl malen und streichen, Franz Hofmann und Franz Dengg sind für das Gerüst zuständig, wo es eben gerade aufgestellt und hingetragen werden muss. Ich bin der freie Mann und schaue, wo welches Werkzeug gebraucht wird, um es gleich an Ort und Stelle zu bringen. Kommen Kletterer an, müssen sie bis zum Abend ihren Rucksack draußen deponieren. Unser kleines Team arbeitet zügig und effektiv, deswegen dürfen auch Essen und Trinken nicht zu kurz kommen. Das ist schon für die Stimmung wichtig, für heute und für die kommende 60 Jahr-Feier. Ab und zu werde ich von ankommenden Kletterern bei meiner Handlangertätigkeit an der Hütte unterbrochen. Besonders bei schönem Wetter werde ich oft nach Routenbeschreibungen gefragt, bereitwillig zeichne ich dann eine Skizze auf ein Blatt Papier, mit Schlüsselstelle, Anzahl der Haken, Zeitangabe. Solch eine Auskunft ist meiner Meinung nach enorm wichtig, weil sie in großem Maße Einfluss auf die Sicherheit der Kletterer hat.
Die Arbeiten an der Hütte dauern bis zum Abend, dann ist es aber auch höchste Zeit, Spachtel und Pinsel unten am Brunnen zu säubern und aufzuräumen. Noch bevor die Handwerker in der Hütte am Stammtisch Platz nehmen, bitte ich alle Anwesenden, vor die Hütte zu treten. Im abendlichen Licht halte ich eine kleine Dankesansprache und fordere die Besucher zu einem donnernden Applaus für die vorbildliche Arbeit auf, denn die neuen Fassaden lassen die Hütte fast wie ein Edelstein erstrahlen! Schon vor zwei Stunden hatte ich mich an den Herd gestellt und

für Kletterer und Handwerker gekocht. Für die Renovierung gibt es feines Gulasch mit Nudeln und nachher noch ein paar Flaschen Rotwein, schließlich haben alle beteiligten Handwerker unentgeltlich gearbeitet. Zwei Tage später stehe ich auf dem Gipfel des Unteren Berggeistturmes und schaue zur Hütte hinunter, unglaublich, wie sie in der Sommersonne glänzt.

Über den Nördlichen Kalkalpen herrschen Föhn und milde Temperaturen, der 60 Jahr-Feier steht nichts mehr im Wege. Fred Ritzhaupt, Kletterer, Oberreintalkenner und obendrein Pfarrer aus dem oberschwäbischen Ravensburg, hat sich bereit erklärt, die Festmesse vor der Hütte zu halten. Still und andächtig stehen die Oberreintaler im Halbkreis unterm Hüttenbaum. Der Föhn bläst durch das Blattwerk der schon herbstlich bunten Bergahorne. Fred spricht in seiner Predigt von der Philosophie der Bergvagabunden, spricht von Kälte und Wärme, von Licht und Schatten, von Anhaltspunkten. Spricht von den anderen Menschen da unten im Tal, wie sie leben in den grauen Vorstädten, in den Häuserschluchten, spricht vom Glück, auf die Berge zu steigen. Mit seinen nachdenklichen Worten erreicht er das Innere der Menschen, die um ihn herum stehen, die ihm zuhören. Er erzeugt damit ein Zustand von Loslassen und Entrücktsein von den ganz normalen Sorgen des Alltags. So gesehen ist gerade mein Beruf als Hüttenwirt ein ganz besonderer, die Menschen, die ein paar Tage auf die Hütte kommen, von ihrem Alltag zu entlasten, das ist die eigentliche Aufgabe eines Hüttenwirtes.

Zu einer besinnlichen Feier gehört auch ein fröhliches Fest im Inneren der Hütte. Mit Werner Kübler (1957 - 1959), Karl Gottmann (1959 - 1960), Schorsch Vogl (1961 - 1963) und Sepp Dengg (1964 - 1967) erscheinen gleich vier der Alt-Hüttenwirte des Oberreintals. Jeder erzählt von Geschichten und Gestalten aus seiner Zeit, ich bedauere es zutiefst, dass ich die Erzählungen und Storys nicht auf Tonband aufgenommen habe. Der Abend ist voll im Gange, für alle gibt es feinen Schweinebraten mit Blaukraut und Knödel, so manche Flasche Wein wird geleert, kistenweise Weißbier und zu fortgeschrittener Stunde werden Maßkrüge mit Kletterschuhen vertauscht. Ein Helles vom Fass bekommt so sein ganz besonderes Aroma, in kürzester Zeit sind drei, vier Kletterschuhe leergetrunken. Sepp Dengg, begnadeter Alleinunterhalter, bringt Polkas und Walzer mit seiner Zither. Und als er mit Kochlöffel und Schrubber ein Stück zum Besten bringt, kocht die Stimmung über. Professor Herbert Ludwig, Oberreintaler seit ewigen Zeiten, peitscht auf der alten Gitarre die Revolution, Peter Swoboda spielt den Müllmannblues, Thomas Eitzenberger das Oberreintallied, welches an originaler Stelle am schönsten gebrüllt wird. Wer noch nie Zwergermelodien auf der Zither gehört hatte, der kommt jetzt weit nach Mitternacht in den seltenen Genuss. Sepp Zollner senior beherrscht meisterhaft sein Instrument und die Musik dieses Partenkirchner Komponisten, unglaublich wie er plötzlich für eine halbe Stunde angenehme Besinnlichkeit in die Stube bringt,

wie er es schafft, dass ihm jeder gebannt zuhört. Statt Pink Floyd Beschaulichkeit, Wechsel der Farben zum Ausklang der 60 Jahr-Feier.
Gegen vier Uhr morgens lege ich mich für kurze Zeit aufs Ohr. Ich muss in der Hütte schlafen, muss auf der Hut sein. Ich wäre nicht der erste Hüttenwirt, dem sie sein Mobiliar hinunter zum Oberreintalboden tragen. Um sechs Uhr brühe ich Kaffee auf und bewundere das Weiß der Wände. So sauber, so rein, wie die „Sommerrosen“, die zum Weckruf erklingen.

Na dann Prost!

CACTUS

Bedrohlich und wunderschön zugleich:
Der Dom strahlt eine ganz besondere Faszination aus. Schon so manchen Kletterer hat er in seinen Bann gezogen.

Die „Schließler“ am Dom

Herbst 1982. Der schönste und intensivste meiner sechs Oberreintalsommer ist vorbei. Vor zwei Wochen hatten Amadeus Henke, Franz Parzefall und ich die „Kalte Nummer“ an der Oberreintalturm-Westwand erstbegangen. Neben der „Heißen Nummer“ am Oberreintalturm, dem „Sodbrennen“ am Dom, dem „Niemandsland“ am Unteren Schüsselkarturm, der „Grünen Reise“ an der Leutascher Dreitorspitze, dem „Stein der Weisen“ am Oberreintalkopf, eine der Neutouren dieses Sommers. Rasch entwickelt sich die „Kalte Nummer“ zu einem echten Klassiker und Dauerläufer im Oberreintal. Der Schwierigkeitsgrad VI- ist eher nebensächlich, denn die Sportkletterrouten im Oberreintal sind alle deutlich schwerer. Die Namen der Routen und das Jahr, in das sie gefallen waren, erscheinen mir wesentlich wichtiger, spiegeln sie doch die heitere und unbeschwerte Atmosphäre dieses Klettersommers wider.
Außer unserer Erstbegehung habe ich auch sonst viel Zeit zum Klettern. Natürlich muss ich mir meine Zeit einteilen. Meist bin ich ab 10 Uhr morgens unterwegs, um pünktlich um 16 Uhr wieder zurück zu sein, um zu kochen. Deshalb wähle ich sehr oft leichtere Routen aus, wiederhole sie dementsprechend häufig. Hauptsache, ich bin beim Klettern. Was sich schon in meinem ersten Oberreintaljahr herausgestellt hatte: der Trainingseffekt des Vorsteigens in vielen Routen, auch in leichten, ist bedeutend, die Formkurve zeigt spätestens im August steil nach oben. Das Vorausklettern gelingt dann auch in schwierigeren Wänden wie von selbst. In den letzten Jahren kann ich im Felskessel einen Klassiker nach dem anderen abhaken, im September 1982 fehlen mir nur noch die „Cukrowksi“ am Oberen Berggeistturm, die „Henke-Parzefall“ am Oberreintalturm und die „Schließler“ am Oberreintaldom. Die „Gonda“, „Brandler“, „Scheffler“ und „Erdenkäufer“, ihre benachbarten Routen, hatten mich schon beeindruckt. Vor der „Schließler“ hingegen hatte ich am meisten Respekt als ganz normaler Sechserkletterer. Nicht nur, weil ich die Erstbegehungsgeschichte und ihren Hauptprotagonisten gut kannte, auch von Alpinisten, welche die „Schließler“ geklettert hatten, hörte ich allerhand schaurige Geschichten. Wenige und schlechte Haken, luftige Quergänge, heikle Kletterstellen, ausgesetzt sowieso.
Jetzt oder nie, denke ich Ende September 1982. Wenn ich einen passenden Partner fände, würde ich sogar den dringenden Einkauf im Tal verschieben. Es ist wie schon öfter. Wenn ich mir intensiv etwas wünsche, trifft es ein. Diesmal will ich den richtigen Mitstreiter für die „Schließler“ finden, für Montag, den 20. September. Am Freitagabend füllt sich die Hütte, wie meist bei schönem Wetter. Hauptsächlich Münchner Kletterer sind es, die, nachdem sie im Urlaub am Gardasee, in den Dolomiten oder in den Westalpen waren, wieder das heimische Klettergebiet im Oberreintal

aufsuchen. Aber auch Bergsteiger aus dem Fränkischen und aus Hamburg sind unter den Besuchern des Felsendorados und sogar aus der Eifel kommt eine Seilschaft.
Sehr spät erreichen die beiden Kletterer die Hütte. Einer der beiden ist Robert Bechem, ungefähr 50 Jahre alt, aus Nideggen in der Eifel, sein Kumpel ist etwas jünger. Ich bin mir nicht sicher, glaube aber den Namen Robert Bechem schon einmal gehört zu haben. Besonders am Freitagabend stehe ich lange am Herd, jeder Klettergast will noch etwas gekocht haben. Selbst Kletterer, weiß ich um deren Bedürfnisse, also ist mir auch keine Arbeit zuviel. Später drehe ich noch eine kleine Runde an den drei Holztischen, die in der kleinen Hütte verteilt sind und erkundige mich, was die einzelnen Seilschaften morgen vorhaben. Die meisten klettern frühe Wiederholungen der neuen Routen im Oberreintal, aber auch die „Militär- Fahrradl- und Nordostkante“, die „Ostverschneidung“ und die „Alte Westwand“ stehen auf dem Programm. Die beiden aus der Eifel wollen morgen in die „Gonda“ am Oberreintaldom.
Am Samstagabend, ist die Hütte wieder brechend voll, sämtliche Kletterer sind zufrieden aus dem grauen und überaus festen Oberreintalkalk zurückgekehrt, aber auch neue Gäste sind gekommen , unter ihnen einige einheimische Kletterspezialisten wie Amadeus Henke, Jimmy Bösenecker, Peter Swoboda, Schorsch Reindl, Toni Härtl, Christoph Krah, Sepp Grasegger, und Stefan Beulke, der junge Spitzenkletterer aus München, der im vergangenen Mai den VIII. Schwierigkeitsgrad im Oberreintal eingeführt hatte. Sie alle quetschen sich an einen Tisch. Robert Bechem, mit seinem jüngeren Kletterpartner von der „Gonda“ zurück, befrage ich, wie es denn gewesen sei. Mit einem smarten Lächeln antwortet er: „Nicht zu verachten!“. Irgendwie verspüre ich eine gewisse Symphatie zu Robert und glaube, dass er der geeignete Partner für die „Schließler“ sein könnte, ich werde ihn im Laufe des Abends auf jeden Fall fragen. Mich hatte es mächtig beeindruckt, dass er in seinem Alter von 50 Jahren noch die „Gonda“ klettert. Als ich endlich mit Kochen und Abwasch fertig bin, finde ich ein wenig Zeit, mit einem Glas Wein bei den Kletterern zu sitzen. Da ergibt sich die Gelegenheit, neben Robert einen Platz zu ergattern. Langsam taste ich mich vor. „Was macht ihr morgen, Robert?“ „Wir gehen zur Südseite und wollen am Schüsselkar – Westgratturm was klettern, kommen aber am Abend zurück.“ „Aha“, antworte ich und frage: „Hättest du am Montag Zeit für die Schließler?“. Etwas überrascht schaut mich Robert an und dabei lächelt er wieder. „Na, wenn es unbedingt sein muss!“ Ich freue mich, bin aber gleichzeitig wahnsinnig aufgeregt, fast vergesse ich die Hüttenruhe zu verkünden. Im Oberreintal gab ich dieses Signal stets eineinhalb Stunden davor, also um 22 Uhr, wenn um 23.30 Uhr Schluss war. Den ganzen Sonntag komme ich kaum vor die Türe, so viel ist los. Das ist auch gut so, denn so habe ich nur wenig Zeit, über morgen nachzudenken. Am Abend kommt Robert alleine vom Schüsselkar zurück, voll Sorge frage ich, was mit seinem Kumpel

los sei. „Den hat in der „Jörg-Simon“ ein Stein an der Schulter getroffen, wieder am Wandfuß ist er sofort nach Leutasch abgestiegen, um einen Arzt aufzusuchen. Ich hätte ihn begleitet, doch hatte ich dir ja versprochen, dein Kletterpartner in der „Schließler“ zu sein.“ „Das ist aber zuvorkommend von dir!“, antworte ich ihm etwas verlegen. „Darf ich dir eine Radlermaß spendieren?“ „Aber natürlich!“ Sepp Dengg, ehemaliger Oberreintalwirt, hatte sich mit einem Kletterkurs angemeldet, er kommt spät, aber er kommt. Als alles gekocht ist, sitze ich mit am Stammtisch, es dauert gar nicht lange, bis Sepp seine Zither hervorholt und zu spielen beginnt. Atmosphäre verbreitet sich in der kleinen Hütte wie sie nur an einem gemütlichen Herbstabend entstehen kann. Sepp erzählt noch die eine oder andere Anekdote, dann ist langsam Feierabend. Den Kletterrucksack hatte ich heute im Laufe des Tages gepackt.
Noch während ich am Morgen Kaffee aufbrühe, spielt Sepp den Weckruf, schön wie sich die Melodie der Sommerrosen mit dem Duft von Kaffee verbindet, als wenn es ein eigenes Parfüm wäre, „Sommerrosen und Kaffeeduft“.
Schon vom Oberreintalboden am Schachenabzweig, dort wo der Blick auf die Dom-Nordwand frei wird, sieht man den mächtigen gelbroten Fleck, an dessen rechtem Rand die „Schließler“ hinauf zum Gipfel führt. Wir haben ein Doppelseil, zwei Friends, ein paar Klemmkeile, einen Felshammer, einige Haken und 16 Expressschlingen dabei. An Ausrüstung müsste das reichen, vor allen Dingen sind Haken wichtig, um diese Zeit ist die „Schließler“ noch nicht saniert. Ob beim ersten Mal, 1971, als ich mit meinem Freund Hubert Bredl zum Einstieg der „Erdenkäufer“ hochgestiegen war, oder die anderen Male, an denen ich zu den Klassikern der Dom-Nordwand die Felsrinne hinaufgeklettert bin, immer hatte ich ein beklemmendes Gefühl in mir, einen Stein im Magen, Respekt vor dem, was nun kommen sollte. Auch dieses Mal ist es nicht anders, wieder diese Beklemmung, diese Art von Angst und doch wollte ich dorthin, zum Einstieg der „Schließler“. Links ziehen „Gonda“ und „Erdenkäufer“ lotrecht in den Himmel, rechts von ihr die „Scheffler“ und die „Brandler“.
Steinchen greifen um den Vorstieg – wie immer das gleiche Zeremoniell. Mich trifft die erste Seillänge. Anseilen ohne viele Worte, Expressschlingen und Keile in den Klettergurt hängen, gespannt sein. Nur wenige Minuten brauche ich bis zum Stand. „Das war aber kurz und nicht besonders schwer, da kann ich ja gleich noch die nächste Seillänge dranhängen“, rede ich mit mir selber. Robert ist in ein paar Minuten bei mir. Über uns nun eine steile strukturarme Platte, nur ein paar seichte Risse zum Fortbewegen. Ganz schön heikel sieht das aus. „Robert, macht`s dir was aus, wenn ich gleich weiterklettere?“, frage ich ihn. Er nickt nur und schaut zu der abweisenden Platte etwas skeptisch hoch und nimmt mich in die Sicherung. Schnell stecke ich mitten drin in den Schwierigkeiten, aber ich spüre es, ich bin in exzellenter Verfassung, sowohl physisch als auch psychisch, der Blick von der ersten Schlüsselstelle

in die Tiefe macht mich kein bisschen nervös. Linker Fuß antreten – kleine Mulde – rechte Hand hochziehen – linke Hand ein Zangengriff – rechter Fuß auf Reibung – linker Fuß auf eine Noppe – kleine Erlösung, ein fragwürdiger Spachtelhaken. In null Komma nichts klinkt eine Expressschlinge in der rostigen Öse, von hier sind es nur noch zwei Meter, bis mich ein Überhang zu einer griffarmen Leiste nach rechts drängt, konzentriertes Tänzeln hin zu einer scharfen Kante, dahinter wieder ein Haken, wieder eine Rostgurke. Ich atme durch, die erste Schlüsselstelle ist hinter mir. Ich kann Robert nicht mehr sehen, höre aber sein „Bravo", während ich schon den nächsten Haken anklettere. Stefan Glowacz hatte erst vor kurzem die erste Rotpunktbegehung hingelegt. VIII – Gratulation! Dagegen bin ich chancenlos. Dass ich keine Trittleiter benutze, ist für mich schon Erfolg genug. Dafür halte ich mich an den Haken fest. Ein Himmelfahrtskommando, bevor mir einer ausbricht, schnappe ich den nächsten. „Staaand", brülle ich erleichtert aus der Domnordwand hinunter zu Robert. Schäppernd kommt das Echo aus der Domrinne zurück. Ängste, Hemmungen, alles wie weggeblasen. Ich bin überglücklich. Wieder schallt das Echo, „Robert - nachkommen!". Bald ist er bei mir, wir einigen uns darauf, dass ich auch den folgenden Links-Quergang, also die nächste Schlüsselstelle, führe. Schon oft hatte ich mit dem Fernglas von der Hütte aus zugeschaut, wie Seilschaften sich hier die Zähne ausbissen. Heute jedoch, an diesem warmen, föhnigen Septembertag, läuft alles wie am Schnürchen. Ein Linksquergang in völlig ausgesetzter Kletterei führt mich zu großen Felszacken und einem Stand, wo ich bequem stehen kann. Über mir bedrohliche rotgelbe Überhänge. Wir befinden uns nun in der direkten Falllinie der Schließlerführe in der Dom-Nordwand. Robert klettert zügig nach und übernimmt die Führung der nächsten Seillänge. Unterhalb der gelben Riesenverschneidung, dem nächsten Leckerbissen der „Schließler", richtet Robert den nächsten Stand ein. Über uns rötlicher Kalk, an Steilheit kaum zu überbieten, unter uns die düstere Domrinne. Aber vor mir nun die mauerglatte Verschneidung, die beim Klettern einer Leiter gleich, geradewegs in den azurblauen Herbsthimmel hineinzuführen scheint. Mitten in der Seillänge muss ich unwillkürlich an die Erstbegehungsgeschichte denken, die Martin Schließler so eindrucksvoll in seinem Buch „Von Beruf Abenteurer" beschreibt. Also ist jeder Haken, den ich mit einer Expressschlinge einhänge, Geschichte aus den späten Vierziger Jahren. Die letzten Meter dieser phantastischen Seillänge turne ich hinauf, bis ich einen super bequemen Standplatz erreiche. Kleine Überhänge wechseln sich nun ab mit gutgriffigen Rissen, raue Felsplatten mit steilen, gegliederten Kanten und Graten. Da und dort wachsen kleine Grasbüschel. Rechts von uns ein Mauerläufer, der spielerisch in der Senkrechten nach Futter sucht. Die Schwierigkeiten lassen nun deutlich nach. Begeistert von dieser herrlichen Tour klettern wir eine letzte Viererseillänge dem Ausstieg entgegen und reichen uns gegen Mittag die Hand, kurz unterhalb des Domgipfels. „Die Schließler" in der Tasche, der

Druck weg, Endorphine ausgeschüttet. Überglücklich umarmen wir uns. Ein paar Abseilmanöver genügen uns, um den Sockel des „Unteren Berggeistturmes“ und die Grasmatten des Schüsselkars zu erreichen. Wir gönnen uns noch eine kleine Rast. In der Nachmittagssonne beobachten wir eine Seilschaft, die an der Militärkante klettert und vor uns eine Maus, die durchs Geröll huscht. Sonst scheint die Zeit still zu stehen.

Willkommen im Oberreintal! Nachdem das Türl fertig gebaut ist, muss es natürlich erst einmal gemeinschaftlich begossen werden.

Das Tor zum Oberreintal

Der Schweizer Bartl, wer kennt ihn nicht. Ein Partenkirchner Original, begnadeter Pisten- und Planierraupenfahrer, Wegebauer und Erfinder. Sein Großonkel, der den selben Namen hatte, war in den zwanziger und dreißiger Jahren über tausendmal auf die Zugspitze gestiegen.
Ihn, den jetzigen Schweizer Bartl, lerne ich in meinem ersten Oberreintalsommer 1979 kennen. Wir freunden uns schnell an. Bartl hat Talent zum Klettern. Nach und nach klappern wir alle Viererrouten im Oberreintal ab. Die nächstschwierigere Kletterei wäre das „Gelbe U“ am Unteren Berggeistturm oder die „Herbst/Teufel“ am Unteren Schüsselkarturm. Wir entscheiden uns für das „Gelbe U“. Herrliches Wetter beschert uns unbeschwertes Klettern im vierten bis fünften Schwierigkeitsgrad. Erste Schlüsselstelle: der Überhang, zweite Schlüsselstelle: das Achtmeterwandl, die Ausstiegsseillänge. Bis zum Gipfel geht Bartl voraus und zieht das Seil ein, zieht ein und ein. Längst habe ich mich aber ausgebunden und verstecke mich hinter einem großen Felsblock. Als Bartl das Seilende in seinen Händen hält, lasse ich ihn eine Zeitlang nach mir Ausschau halten und beobachte dabei sein verdutztes Gesicht, dann komme ich aus meinem Versteck hervor. Wir lachen beide was das Zeug hält. Dabei liebe ich alles andere als Schwarzen Humor. Sorry, sorry!
Noch manche Klettertour bestreiten wir zusammen und manchen langen Abend auf der Oberreintalhütte. Bartl ist ein glänzender Unterhalter, sowohl mit Gitarre als auch mit Gesang. Bartl ist aber auch sehr ernsthaft, wenn er zum Beispiel eine handwerkliche Arbeit anpackt, ob Zimmerer- oder Schreinerarbeit, selten habe ich jemanden gesehen, der so geschickt mit Werkzeug umgehen kann.
Es war ein ganz spontaner Einfall. Drei Wochen vor meinem Abschied als Wirt aus dem Oberreintal. Viele Gäste der letzten sechs Sommer besuchen mich noch einmal an meiner alten Wirkungsstätte. Unter den Besuchern ist auch Karl Simon, Wegewart der Sektion Garmisch-Partenkirchen des DAV. Was viele aus meiner Umgebung nicht wissen: Karl Simon ist eines meiner Lebensvorbilder. Als Erstbegeher und Kletterer war er im Bergell an der Gemelli, mit dem berühmten Kletter-Ass Michael Schober noch vor dem II. Weltkrieg an der „Östlichen Karwendelspitze“. Daheim in Partenkirchen hat er ein eigenes Malergeschäft, auch ist er sehr belesen, besonders in buddhistischer Literatur. Immer wieder war Karl Simon in den Himalaya gereist, nach Tibet, zum Kailash, auf den Spuren von Milarepa, dem tibetischen Weisen. Karl Simon sitzt draußen auf der Bank unterm Ahornbaum. Ich begrüße ihn und freue mich, dass er da ist, ein seltener Gast. „Griaß di Charly“, dann sagt er einen Satz, der mich ganz besonders freut: „Schod, dass'd gehst!“ „Ich kenne keine schönere Arbeit

und ich wäre auch gerne geblieben, aber nur auf einer Hütte und nicht auf beiden, dem Oberreintal und dem Stuiben. Privatleben ist da klein geschrieben, Gift für eine Beziehung", antworte ich ihm etwas melancholisch. „Mmh" meint Karl Simon.

Unter der Woche besuche ich den Schweizer Bartl, meinen Freund in Partenkirchen. „Hoi Charly, was willst du denn hier unter der Woche?"„Bartl, ich hab da ein Anliegen." „Was für a Anliegn, ruck raus!" „Meinst Du, es wäre möglich, oben an der letzten Erhebung, dort wo man das Oberreintal betritt, ein Gartentürl aufzustellen, ein Selbstgezimmertes?" „Warum das denn?" „Einfach so, als Liebeserklärung an's Oberreintal, ich finde da passt eins hin!" „Ja, wennst moanst, na mach i des hoid. Am Wochenend hätt i Zeit." „In Ordnung, Bartl, Axt, Säge, Hammer, Nägel, Pickel, Schaufel und ein paar Flaschen Bier richte ich her." Weshalb gerade der Schweizer Bartl? Weil ich das Gefühl habe, dass er dafür genau der richtige Mann ist.

Nur wenig Kletterer finden sich am Samstag ein. Klar, Anfang September hatte es ausgiebig geschneit. Die Wetterstein-Nordseite sieht von der Münchner Autobahn völlig winterlich aus. Ein Teil der Garmischer Jungmannschaft ist aber da, Peter und Norbert Swoboda, Hans und Martin Bader, Markus Hoffmann, Josi Zollner, Thomas Eitzenberger, Peter Pruckner und auch der Hoffmann Franz aus München, der Erfinder der Wasserspiele im Oberreintal. Jeder trägt ein Werkzeug und einen Rucksack mit Bier zu der kleinen Erhebung mit dem phantastischen Rundblick . Bartl teilt die Arbeit ein. Der eine pickelt, der andere schaufelt, einer gräbt. Bartl misst und sägt dann andächtig die ersten Latschenäste für das Gartentürl ab. Zwei Äste mit Gabeln müssen dabei sein, als Führung für den Drehpfosten. „Franz, du nimmst jetzt des Schepseisen (Schäleisen) und schälst die Äst, des is a Aorbat für di!", schafft er den Wasseringenieur an. Wenn es im Oberreintal je so etwas wie Pat und Patachon gegeben hat, dann waren das der Bartl und der Franz, ein autodidaktischer Ingenieur und ein studierter Ingenieur.

Endlich sind die insgesamt acht Teile geschält. Zufrieden zimmert Bartl die rustikalen Äste zusammen. „Guat", murmelt er, während er bedächtig das Türl aufhebt und betrachtet. Vorsichtig stellen wir gemeinsam das Gartentürl in die Vertiefungen und verankern es, so gut es geht. Peter Swoboda öffnet den Rucksack mit den kostbaren Bierflaschen. An Ort und Stelle begießen und taufen wir das Tor zum Oberreintal. So beschaulich steht es da, als ein Stück Wettersteinseele, zeitlos und als Kontrast zu den Wänden und Graten. Und das Schönste ist, der Hund des Schäfers bleibt vor dem Tor sitzen, bis man ihm aufmacht.

1997, also nach 13 Jahren, ist das Türl baufällig geworden. Es wurde Zeit für ein neues, anderes. An einem freien Tag bin ich mit meinem Freund, Mitarbeiter und Zimmerergeselle und Architekt André Krause ins Oberreintal aufgestiegen. Wieder waren es die knorrigen Latschenkiefern, die uns das Holz für das zweite Türl lieferten. Rechtzeitig zum 75. Geburtstag der Oberreintalhütte.

Der Mount Kenia ist für einen Bergsteiger ja noch vorstellbar, aber stundenlang in so einem wackligen Ding auf dem Wasser?

In Afrika

Herbst 1994 – Nun bin ich schon 15 Jahre Hüttenwirt. Sechs Winter am Stuiben, sechs Sommer im Oberreintal. Neun Sommer auf der Reintalangerhütte. 1991 gelingt mir endlich nach fünf Jahren zermürbender Aufbauarbeit der Durchbruch, die Hütte läuft jetzt so, wie ich es mir vorgestellt hatte. Die Übernachtungen haben die Viertausendermarke übersprungen, auch die Sektion München ist zufrieden. Das Erreichen einer gewissen Konstanz hat aber auch eine Kehrseite. Zuviel Routine langweilt in gewisser Weise. Das Hüttenleben läuft ohne besondere Höhepunkte dahin, abgesehen von ein paar gewaltigen Gewittern und einigen spektakulären Bergungsfällen. Mit meinem alljährlichen Aufenthalten in fernen Ländern ist es im Grunde genommen das Gleiche, jedes Jahr lege ich eine Reise wie ein Blatt Papier auf das andere, ich komme nicht auf die Idee, darüber zu schreiben, oder etwas anderes Kulturelles daraus zu machen.

Mit meinem jüngsten Bruder Siggi fliege ich an Weihnachten 1994 nach Nairobi, von wo aus wir Kampala in Uganda ansteuern. Das Ruwenzorigebirge ist unser Ziel, die Quelle des Weißen Nils, der höchste Punkt, die Point Margherita, 5119 m hoch. Aber auch dem Mount Kenia, ebenfalls über 5000 m hoch, wollen wir einen Besuch abstatten. Einer seiner Gipfel, der Nelion mit seiner Südostwand IV+, fasziniert mich schon lange. Unwahrscheinliches Wetterglück schenkt uns beide Gipfel und zwei unvergessliche exotische Bergabenteuer. Unsere anschließende Safari durch den Amboseli- und Tsavowestpark hatten wir uns also redlich verdient. Eine abenteuerliche Tramperfahrt nach Momabasa am Indischen Ozean schließt sich noch an, vor allem aber auch die nächtliche Rückfahrt nach Nairobi mit dem berühmten Keniaexpress. Siggi, das dritte Mal Vater geworden, fliegt nach vier Wochen wieder zurück nach Deutschland, während ich über Malawisee weiterreise nach Lusaka, der Hauptstadt Zambias. Dort wohnt auch heute noch meine Cousine Hannah mit ihrer Familie. Ein paar Tage verbringe ich dort. Kurz bevor ich Richtung Südafrika weiterziehe, muss ich noch mit der Fällung einer Riesenakazie zwischen zwei Häusern eine heikle Aufgabe erfüllen.

Ein Boot bringt mich über den Sambesi nach Botswana. Maun im Okavangodelta ist mein nächster Anlaufpunkt. Per Hitch-Hiking an einem Tag ein ehrgeiziges Ziel. Unter der erbarmungslosen Sonne Afrikas stehe ich am Straßenrand und strecke meinen Daumen in die Höhe. Während dieser Zeit im Herzen Afrikas, fühle ich mich unwahrscheinlich frei, leicht wie eine Bettfeder. Tatsächlich schaffe ich die 700 km lange Strecke an einem Tag. Mit den abenteuerlichsten Typen bin ich unterwegs. Es ist stockdunkel, als ich abends um halb neun in Maun ankomme und gerade noch ein Hotelbett finde. Tiefstes Afrika, kaum, dass ich weiße Menschen sehe, am anderen Morgen bringt mich eine zweimotorige Cessna mitten hinein in die Wildnis des Okavangodeltas. Am Rande eines Camps baue ich mein Zelt auf, daneben, auf einer Schirmakazie sitzen Aasgeier, als ob sie auf irgendwas Bestimmtes warteten... Mich fröstelt es trotz der unsagbaren Hitze. In meiner allernächsten Umgebung entdecke ich eine gerissene Kaffernbüffelkuh. Diese Tatsache trifft mich bis ins Mark. Ich weiß jetzt ganz genau, dass ich von Löwen und Hyänen und von der ganzen Palette afrikanischer Wildtiere umgeben bin. Ein botswanischer Wildhüter, gutmütige Augen, klapperdürr, erinnert mich an Don Quichote. Er nimmt sich Zeit und führt mich zwei Tage, jeweils sechs Stunden, durch die brütende Savanne der Okavangodeltas. Um meinen Durst zu löschen, koche ich mir Wasser aus dem weit verzweigten Flussdelta und versetze es zusätzlich noch mit Entkeimungstabletten. Das Wasser hat einen sehr eigenartigen Geschmack. Mein Begleiter heißt sinnigerweise Lucki und trägt geduldig meinen Zweiliter-Wasserkanister. Unter der prallen Sonne, unendlich weit weg von zu Hause, trotte ich Lucki hinterher. Ich bin umgeben von Wildnis und weiten Flächen grünbraunen Grases, umgeben von Buschlandschaft, aus der immer wieder die typischen Rufe und Laute von Elefanten und anderen Wildtieren zu hören sind.

Diese unmittelbare Natur befreit meinen Kopf derart, entleert ihn von allem möglichen Ballast, dass ich unvermittelt zu einem visionären Entschluss komme. Meine zweite Lebenshälfte werde ich mehr mit Kultur ausfüllen. Diese Gedanken ergreifen von mir immer mehr Besitz, ich kann mich ihnen nicht mehr entziehen. Hier und jetzt beginnt für mich ein zweites, neues, reiches Leben.

In Kapstadt treffe ich mich mit jungen südafrikanischen Kletterern. Zur gleichen Zeit weilen auch Stefan Glowacz, seine Frau Janin, sein Fotograf Gerd Heidorn und sein Trainingspartner Leo Reitzner am Kap. Wir verbringen ein paar schöne, unbeschwerte Tage miteinander, dann reise ich weiter nach Durban und Johannesburg. Ende Februar, gerade wieder daheim, liegt eine Einladung vom Bayerischen Rundfunk zu einer Ausstellung im Alpinmuseum in Kempten, im Briefkasten. Ohne es zu ahnen, wird der Besuch dieser Ausstellung richtungweisend für meine weitere Zukunft.

Zu Fuß dann doch etwas zu weit: unterwegs in Südafrika.

Kalkfontein 106
Mamuno 198

Dank der vielen Helfer geht der Ausstellungsaufbau gut voran.
Sogar die Stammtischecke der Oberreintalhütte wird maßstabgetreu nachgebaut.

Wände – Grate – Dome

In Kempten treffe ich zum ersten Mal den damaligen Kulturreferenten des Deutschen Alpenvereins, Dr. Helmuth Zebhauser. Um diese Zeit ist auch der Umbau der ehemaligen DAV-Zentrale auf der Praterinsel in München in ein Alpines Museum, in vollem Gange. Ich weiß nur, dass später einmal in seinen Räumen alpine Austellungen stattfinden sollen.
Schon lange beschäftige ich mich mit dem Gedanken, über das Oberreintal eine Dokumentation zu organisieren. Jetzt war der Zeitpunkt gekommen, mein Anliegen vorzutragen. Es ist wie ein Signal für mich. Ich warte einen günstigen Zeitpunkt ab, um Dr. Zebhauser darauf anzusprechen. Tage davor hatte ich schon mit Helmut Pfanzelt, dem 1.Vorsitzenden der Sektion Garmisch-Partenkirchen des DAV und mit dem Hüttenreferenten der Oberreintalhütte, Werner Lindauer, über meine Pläne gesprochen, die Oberreintalhütte, die in zwei Jahren 75 Jahre alt werden sollte, in einen kulturellen Kontext zu stellen. Von dieser Idee zu hören, zeigen sie sich zwar überrascht, zugleich aber auch angetan und aufgeschlossen. Helmut Pfanzelt hatte mich deshalb an Dr. Zebhauser verwiesen.
Vor diesem stehe ich nun und frage ihn, was er denn zu meinem Anliegen meine. Er schaut mir prüfend in die Augen und antwortet mir, dass ihm die Idee grundsätzlich gefalle, ob ich aber wisse, wieviel Arbeit und vor allem Geld so eine Ausstellung koste. Ich solle ihm einmal ein Konzept vorlegen. Dann wendet er sich wieder dem anderen Geschehen im Alpinmuseum Kempten zu. Innerlich bin ich wahnsinnig aufgeregt. Ein Konzept vorlegen? Das habe ich ja schon längst! Es besteht aus acht Sequenzen:

Die Entdeckung des Oberreintals
Die erste Erschließungszeit
Die Ära Franz Fischer
Die Ära des Michael Schober
Die zweite Erschließungszeit
Bergrettung im Oberreintal
Der Heeresbergführer-Lehrgang im Oberreintal
Kunst im Oberreintal.

Obwohl ich erst einmal keine direkte Zusage für das Projekt „Oberreintal“ bekomme, spüre ich, dass ich auf dem richtigen Weg bin und über kurz oder lang das OK seitens Helmuth Zebhauser bekäme. So beginne ich ohne zu zögern, Kenner, Menschen und ehemalige Oberreintalkletterer aufzusuchen. Je mehr ich mich mit dem Thema „Ausstellung" beschäftige, umso öfter kommen mir Zufälle zu Hilfe, umso mehr fühle ich mich in meiner Arbeit bestätigt.

Von vielen ehemaligen Kletterern bekomme ich alte Fotos aus dem Oberreintal, aber auch Geschichten in schriftlicher und mündlicher Form. Für Interviews besorge ich mir einen Mini-Disk und ein gutes Mikrophon, ich ahne nicht, dass ich die Gespräche, die ich aufnehme, ein Jahr später für mein erstes Buch würde verwenden können. Ich bin unterwegs vom Allgäu bis zum Erzgebirge, vom Werdenfels bis nach Oberfranken und von München bis Karlsruhe. Zahlreiche Zuschriften bekomme ich aus ganz Deutschland. Wo ich hinkomme und um ein Interview bitte, renne ich offene Türen ein, ob bei der alpinen Legende Anderl Heckmair, bei Verwandten und Freunden Franz Fischers, ob bei Erstbegehern des Oberreintals, ob bei Karl Eitzenberger, dem Leiter der Bergwacht Garmisch-Partenkirchen, oder beim Heeresbergführer-Lehrgang. Zu meiner neuen Betätigung gesellt sich das untrügliche Gefühl, dass genau jetzt der richtige Zeitpunkt ist, eine Ausstellung im Alpinen Museum über das Oberreintal zu organisieren und zu zeigen. Mein Vorteil ist, dass ich sowohl sehr viele alte Kletterer kenne, als auch die junge Generation - und vor allem, dass ich selber Kletterer bin und sich mir automatisch die Gefühlswelt dieses Sports erschließt.

Der gesamte positive Verlauf der Vorbereitungen, diese Beseeltheit von einer Sache, hilft mir über alle Prüfungen und den Druck hinweg, den mir Dr. Zebhauser auferlegt. Ihn, den Kulturreferenten des DAV gilt es, von meinem Vorhaben zu überzeugen und nur ihn. Im November 1996 endlich, bekomme ich das OK von der Praterinsel. Zugleich lerne ich mit Florian Raff, den man mir als Grafiker und Ausstellungsfachmann zur Seite stellt, einen guten Freund und Begleiter kennen. Mit ihm kann ich in vertrauensvoller Atmosphäre über mein Konzept sprechen, er würde meine Vorschläge in die richtige Form bringen und ausarbeiten. Er würde mir aber auch den exakten Kostenrahmen nennen, der für die Ausstellung anfällt, die nun den Namen „Wände - Grate - Dome, Kletterwelt Oberreintal" trägt. Die Aufstellung der Kostenliste händigt er mir beim Mittagessen in der Pizzeria Mario in Schwabing aus. Meine Gesichtszüge sind erst einmal wie versteinert, als ich die Summe von 60.000 DM lese. Florian entgeht mein momentaner Gemütszustand nicht, doch ich weiß jetzt, woran ich bin und es gibt sowieso kein Zurück mehr. Was Florian nicht wissen konnte, ist, dass ich zahlreiche gute Kontakte überallhin pflege und habe, sowohl zu Firmen als auch zu Handwerkern und dass ich auch auf einen tüchtigen Hüttenmitarbeiterstab zurückgreifen kann. Auch von Gästen kommt unvorhergesehene Hilfe. Dass ich ausgerechnet Alfred Stemp, einem begnadeten Buchbinder und Restaurator aus Eichenau bei München, den von Florian hergestellten Ausstellungsplan auf der Hütte zeige, war sicherlich einer der glücklichsten Zufälle. Mit meinen Beziehungen und den anderen Zufällen aller Art, kann

ich die Kosten der Ausstellung um einiges senken, zumal ich auf meinen Bittgängen um Sponsorengelder doch ziemlich erfolgreich bin.
Mit Florian Raff und Alfred Stemp stehen mir nun zwei Fachkräfte für die Ausstellung zur Verfügung, das gibt mir weitere Kraft und stärkt mein Selbstvertrauen. Selbstvertrauen, das ich mehr als nötig habe, um das Manuskript für mein erstes Buch „Wände - Grate - Dome, Kletterwelt Oberreintal", meinem Verleger Achim Pasold vorzulegen. Ein Riesenstein fällt mir vom Herzen, als er mir die Zusage gibt, das Buch zu verlegen. Ganz nebenbei arbeite ich auch noch an der kleinen Biographie „Bergsteiger ohne Maske – Franz Fischer, Hüttenwirt und Original".
Im Winter 1997 mache ich wirklich die Nacht zum Tag, ohne Computerhilfe von außen ginge gar nichts. Meine Wohnung in Ohlstadt quillt in dieser Zeit über. Schriften, Fotos, Bücher sind am Wohnzimmerboden verteilt, Handzettel und Adressen kleben an den Deckenbalken und am Schreibtisch stapeln sich Rechnungen, Manuskripte, Bettelbriefe, Pressemitteilungen und Einladungskarten.
Kurz vor Weihnachten die erste Buchveröffentlichung. Mich überwältigt der Erfolg des ersten Buches, im Nu sind 1500 Stück verkauft und der Panico Verlag muss sofort nachdrucken. Ganz nebenbei hatte ich im Voraus verschiedene und wichtige Co-Autoren um gute Oberreintalgeschichten gefragt, mit dem Vorwand der Ausstellung. Bereitwillig hatte fast jeder seine Story bei mir abgeliefert, vor allen Dingen war mir wichtig, dass viele alte Geschichten dabei waren. Zehn Autoren sind heute schon verstorben. Und gerade diese Tatsache macht die Geschichten heute so wertvoll. Wie gesagt, als das Oberreintalbuch erscheint, ist die Überraschung in Garmisch-Partenkirchen sehr groß.
Mitte Januar 1998 wird es dann echt spannend, genauer gesagt, am 15. Januar an einem Donnerstag. Am Montagnachmittag 16 Uhr, also fünf Tage später, muss die Ausstellung „Wände - Grate - Dome" aufgestellt sein. Pünktlich um halb acht erscheinen im Alpinmuseum sämtliche Mithelfer. Franz Vojik aus Oberau, Werner Lindauer und Hannes Gheis aus Garmisch-Partenkirchen, Ralf Schick aus Biberach, Sepp Mergler aus Kraiburg, Richard Maier und Stefan Kerscher aus München. Besonders Alfred Stemp, der sämtliche Schwarzweiß-Großfotos aufzieht, meinem Bruder Wolfgang, der die Stammtischecke der Oberreintalhütte maßstabgetreu nachbaut und auch die einzelnen Sequenztafeln anfertigt, gebührt Dank für ihre Superarbeit. Ebenso Freund Richard Maier, der viele kleine, wichtige handwerkliche Dinge erledigt, Ralf Schick, der im Verhältnis 1:50 die Oberreintalhütte im Modell nachbaut und Michi Stimmer, der das Transportfahrzeug für sämtliche Ausstellungsstücke, Exponate und Kunstwerke unentgeltlich zur Verfügung stellt. Auch der Heeresbergführer-Lehrgang aus Mittenwald, unter der Leitung von Alois Lösl, leistet einen beachtlichen Beitrag zum Gelingen der Ausstellung. Vielen anderen Freunden und Helfern schulde ich ebenfalls Dank.

Wenn eingearbeitete Freunde zusammenarbeiten, dann geht es vorwärts. Während der Großteil der Helfer die Grobarbeiten übernimmt, positioniert Alfred Stemp die Kunstwerke und Großfotos, Richard Maier und Pit Schubert richten verschiedene alpinhistorische Vitrinen ein, ich weiß, wo alles seinen Platz hat und Florian Raff hat die Gesamtregie. Stefan Kerscher ist für das leibliche Wohl zuständig. Das Fahrradl vom Oberreintalturm findet hoch im Raum Platz, eine bemalte, hellgraue Plane soll eine Felswand darstellen. Feinarbeiten, wie Texte zum richtigen Foto und zu den richtigen Sequenzen werden zum Schluss angebracht. Alles ist unglaublich spannend bis zum Ende des Aufbaus, am Montagnachmittag, den 19.01.1998.
Viele Leute hatten mich im Vorfeld gefragt, was ich denn mit der Ausstellung überhaupt wolle. Jetzt, wo alles an seinem bestimmten Platz hängt und wo die Ausstellung in ihrer Gesamtheit sichtbar ist, schwelgen viele ehemalige Oberreintaler in Erinnerungen.
Die Ausstellungseröffnung. Die Reintalpeople Carolin, Erich, Herzog, Malte, Stefan und Simon hatten schon den ganzen Nachmittag belegte Brote für den abendlichen Ansturm hergerichtet. Um 19.30 Uhr eröffnet Dr. Zebhauser die Ausstellung. Meine Rede hatte ich mir schon während eines Fotografiertages im Oberreintal zurechtgeschneidert. Jetzt stehe ich auf dem Podium und lese die Rede vor. Begrüße all die berühmten Kletterer, die da sind, erkläre, wie es zu der Idee kam, bedanke mich bei allen Sponsoren, bei meinem Verleger, bei allen Mitwirkenden an dieser Ausstellung und erzähle aus der Geschichte des Oberreintals. Manchmal bewegen mich Emotionen, es ist, wie wenn ich aus einer sehr schweren Kletterroute in leichtes Gelände komme, wenn der Druck und die Anspannung nachlässt. Helmut Pfanzelt vom DAV Garmisch-Partenkirchen spricht, Stefan Beulke als Vertreter der heutigen jungen Klettergeneration beleuchtet das Klettern von einst und heute. Martin Schließler beendet den Kreis der Reden mit einer Rückschau auf die bedeutenden Erstbegehungen der Nachkriegsjahre, aber auch auf die essensmäßig sehr magere Zeit, in der auch ab und zu ein Schaf dran glauben musste, auf der kleinen Hütte im Felsenrund. Es ist ein wunderbarer Abend mit vielen Gesprächen, mit vielen Erinnerungen. Etwa 250 junge und alte Gäste treffen sich, tauschen sich aus, betrachten die Ausstellung. Später, als Live-Musik in der originalen Oberreintalstammtischecke erklingt, lauschen nicht wenige der alten, bekannten Melodie, dem Weckruf, der eigentlich den Namen „Sommerrosen“ trägt. Einige ehemalige Hüttenwirte sind da und blättern in ihrem eigens angefertigten Ausstellungskatalog. Erstbegeher finden sich in ihrer Sequenz; und wer was über Franz Fischer wissen will, findet es ebenfalls fein geordnet an seinem Ort. Schon zu Beginn meines Vorhabens war ich darauf bedacht, möglichst alles genau zu recherchieren.
Das Oberreintalfest verlagert sich nun zum Teil in den Keller des Alpinmuseums, wo es Essen und Trinken gibt. Martin Schließler unterhält sich mit Stefan Glowacz,

Anderl Heckmair mit Stefan Beulke, Hermann Köllensperger mit Florian Schuster, Hermann Huber mit Alfred Koch. Illustere Gäste, die dem Abend Gehalt geben, der Ausstellung „75 Jahre Oberreintalhütte“ im Alpinmuseum etwas Unvergessliches verleihen. Sechs Wochen später zieht die Ausstellung ins Kongresszentrum nach Garmisch-Partenkirchen und findet am Fuße des Wettersteins ebenfalls vielfache Beachtung.

1998 – Es ist das Jahr der kulturellen Höhepunkte. Vor drei Jahren hatte ich mir in Afrika vorgenommen, mein Leben mehr kulturell zu gestalten. Nun ist mein Traum wahr geworden. Mein erstes Buch, die gleichnamige Ausstellung, die Franz Fischer Biografie, der Erwerb eines Bauernhofes im Allgäu und zum Ausklang des Jahres noch das erste Musiktrekking in den Solo Khumbu Himalaya zu Ehren von Sherpa Gyalzens 60. Geburtstag. Das kulturelle Leben fordert gerade nach diesem Highlight seine Fortsetzung. Der Abriss und Neuaufbau des Bauernhofes zeigt, dass es in diese Richtung weitergeht. Das Musiktrekkingbuch entsteht, zusammen spielen wir eine CD für das Buch ein. Ganz überraschend lerne ich meine Frau Ursula kennen, das Reintalbuch geht in Druck, wie als Krönung all des Fleißes der letzten Jahre wird im April 2002 Emilia geboren. Auf dem Bauernhof entsteht die Galerie zwischen Wetterstein und Bodensee, dort wird es in Zukunft immer wieder Konzerte geben. Meine Frau schreibt ein Kinderbuch, Emilia lernt das Flötenspiel, malen, Kultur in kindlicher Form. Wer weiß, vielleicht wird sie später einmal in den Räumen des Bauernhofes Großplakate ausstellen oder eigene Konzerte abhalten?

Im Herbst vollende ich mein 60. Lebensjahr. Wenn ich mein Leben so in der Rückschau betrachte, dann hat es mich eines gelehrt: Ohne Traum und Inspiration beginnt keine Quelle zu sprudeln.

Die Bergsteigersendung mit Ernst Vogt

Kennen gelernt habe ich ihn im September 1986, den Ernst Vogt. Damals hatte er gerade die Nachfolge Bruno Eraths, des langjährigen Chefredakteurs der Bergsteigersendung im Bayerischen Rundfunk, angetreten. Sogar den Tag weiß ich noch genau: es war Freitagabend vor der Gatterlmesse. Der damalige erste Vorsitzende der Sektion München des DAV, Sepp Seiffert, hatte die Bergsteigerredaktion eingeladen, um die Reintalangerhütte nach Jahren des Dornröschenschlafs wieder besser ins Gespräch zu bringen. Eigentlich war ich durch meine sechsjährige Hüttenwirtstätigkeit am Stuiben und im Oberreintal bekannt genug, doch schaden konnte so ein Treffen nicht.
Ich erinnere mich noch sehr gut, wie wir in der Gaststube der Reintalangerhütte sitzen und musizieren, Markus und Wolfi Opitz, Thomas Ruegg, die drei spielen Gitarre und ich Hackbrett. Einfache bayerische Stücke sind es, doch sie kommen von Herzen, und die Gäste in der vollen Gaststube haben ihre Freude daran, zumal Thomas Hund, der Willi, ein fuchsähnliches Geschöpf, unter dem Tisch dazu jault, was das Zeug hält. Wer es nicht glaubt, der frage den Ernst nach der Tonbandaufnahme von damals. Später, in der Küche, interviewt mich Ernst dazu, wie ich die Zeit am Stuiben und im Oberreintal als Hüttenwirt erlebt hätte, wie es mir mit meinem neuen Betätigungsfeld hier im Reintal gehe und wie ich mir die Zukunft hier auf der ungleich größeren Hütte vorstelle. Ich bin sehr berührt von Ernsts einfühlsamen Fragen. Jedenfalls beginnt mit diesem Tag, vor nunmehr 24 Jahren, eine wohltuende Freundschaft zwischen uns.
Zwei Jahre später, im Oktober 1988, werde ich von Ernst zur „40 Jahre Bergsteigersendung im Bayerischen Rundfunk" auf der Bleckenau in den Ammergauer Bergen eingeladen. Neben Ernst sind auch alle seine Kolleginnen und Kollegen mitgekommen - für mich insofern interessant, weil ich all die Leute einmal in Natura sehe, die ich sonst nur vom Radiohören her kenne. Zum Beispiel Conny Glogger, Stefan Frühbeis, Thomas Schustereder, Angela Braun. Noch heute freue ich mich, dass ich damals die bekannte bayerische Stimme Fritz Straßner kennen lernen durfte, aber auch andere bekannte Personen vom Bayerischen Rundfunk wie Josef Ottmar Zöller, Bruno Erath sowie von den Bergsteigern den damals 82-jährigen Eigernordwand-Bezwinger Anderl Heckmair.
In den folgenden Jahren besuchen mich immer wieder die Redakteure der Bergsteigersendung auf der Reintalangerhütte, sei es privat mit ein paar Flaschen Wein oder zu einem Interview, wenn es gerade etwas Passendes oder Wichtiges zu erzählen gibt. Oft ruft mich Ernst auch direkt von der Redaktion aus München an, um für die Bergsteigersendung am Samstagmorgen ein Live-Gespräch zu führen.

An einem herrlichen Frühsommerwochenende im Juni 1995 wagen wir gar zusammen eine Buchvorstellung. „Bergsommerbilder“, ein Buch, herausgegeben von Ernst Vogt und Stefan Frühbeis. Erzählt sind darin Bergerlebnisse von Prominenten, illustriert ist das Buch mit Aquarellen des bekannten, leider schon verstorbenen Münchner Journalisten Michael Stiegler. Präsentation auf der Reintalangerhütte. Herbert Edele, der Verleger des Buches und Besitzer des Verlags Tobias Dannheimer in Kempten ist mit von der Partie. Mit äußerster Vorsicht fahre ich die in Kisten verpackten Bücher auf dem Motorrad hoch.

Im Oktober 1996 findet sich erstmals die gesamte Bergsteiger- Redaktion im Reintal ein, um das zehnjährige Chefredakteursjubiläum von Ernst Vogt zu feiern. Es sind nur wenige Gäste da an jenem Freitagabend, so wird es ein gemütliches Beisammensein mit kleinen Ansprachen von Ernst, mir und Stefan Frühbeis, diesmal als Musiker und nicht als Redakteur oder als Reporter auf der Hütte. Er begleitet unsere Hüttenmusik ganz wunderbar und einfühlsam auf dem Kontrabass. Am nächsten Morgen finden wir noch Zeit für eine Wanderung über den herbstlich bunten Oberanger und hinüber zum Partnachursprung.

Seit November 1997, wo ich neben meinem Hüttenwirtsdasein auch noch kulturell mit Büchern und Ausstellungen tätig bin, vertieft sich unsere Zusammenarbeit noch mehr. Ja, ich kann mir mein kleines zweites Standbein ohne die Bergsteigerredaktion gar nicht mehr vorstellen. Ob Musiktrekking im Himalaya, ob Buchvorstellung, ob Aktuelles von der Hütte, ob ein Interview mit Sherpa Gyalzen, ob Ausstellung im Alpinmuseum, stets ist die Redaktion mit am Ball.

Dass der Bayerische Rundfunk in so vielen verschiedenen Sendungen, sei es auf Bayern I, im Schwabenspiegel, auf Bayern II oder Bayern V, in seinen Sendungen die Reintalangerhütte stets in einem angenehmen Licht hat erscheinen lassen, dafür ein besonderes Danke! Allen voran möchte ich der Bergsteigerredaktion mit Ernst Vogt und Stefan Frühbeis mit ihrem gesamten Redaktionsteam danken. Dass Ihr so vielen anderen Dingen und dem normalen Bürger gegenüber so aufgeschlossen seid, macht eure Sendung so sympathisch. Gewiss weiß der Bayerische Rundfunk, was er an der erfolgreichen Bergsteigersendung hat, nicht umsonst wird sie weit über die Grenzen Bayerns hinaus gehört.

Aber auch sonst ist das Radio eines der wichtigsten Dinge auf einer Hütte, wo es keinen Fernseher gibt. Es ist nicht nur Kommunikationsmittel, sondern auch Verbindung zum Tal. Wahrscheinlich wird Radio quer durch alle Sendungen nirgendwo intensiver gehört, als in der Abgeschiedenheit einer Berghütte. Danke, Bayerischer Rundfunk!

Ruhe und Rast

Es ist ein Haus für jene, die hinein und hinausgehen.
Für jene, die vorüberziehen.
Für die Wanderer und Kletterer, für die Besucher und Bergsteiger, für all jene, die Wetterunbill, Müdigkeit, Hunger und Durst umtreibt. Sie haben außer einem Rucksack nicht viel bei sich, ausgenommen ihren Geruch und ein bisschen Staub vom Weg zur Hütte.

Nach J.M.G.Le Clezio

Dank

Dreißig Jahre Hüttenwirt im Wetterstein, eine lange Zeit. Eine Zeit mit viel Heiterkeit, Unbeschwertheit und Freude. Eine Zeit in der „die Arbeit" im Vordergrund gestanden hatte, die mir voll und ganz auf den Leib geschneidert war. Sicherlich war es stets eine Arbeit, die täglich neue Überraschungen parat hatte, sei es durch Unwetter und Bergunfälle, plötzliche Überbelegung, dass ein Transporttermin platzte, dass ein Mitarbeiter krank wurde, durch Gruppenabsage, dass das Motorrad nicht ansprang, die Wasserturbine genau am Samstag nach einem Gewitter keinen Strom produzierte, weil die Schächte voller Kies waren. Täglich war das Organisations- und Improvisationstalent auf die Probe gestellt. Dreißig Jahre Hüttenwirt im Wetterstein. Das geht nicht ohne Freunde, Gönner, Helfer in der Not, das geht nicht ohne Zuspruch, ohne Trost, ohne Sponsoren, nicht ohne Rat und Tat. Auf meiner sehr langen Liste stehen viele dieser Menschen, die mich in dieser Zeit ein Stück begleitet haben. Einige meiner Freunde sind nicht mehr unter uns, manche sind krank. Mein Versuch, jedem zu danken, der mein Inneres bewegt, der mich bereichert hat, der mir wohl gesonnen und gut war, kann nicht vollständig sein, denn ganz sicher vergesse ich den einen oder anderen. Manches mal war es nur ein Handgriff, den mir ein Freund zeigte, der mich weiterbrachte, ein gut gemeinter Rat, eine Sache einmal anders herum zu probieren. Ein Notenzeichen, das mich ein Musikstück besser erschließen hat lassen. Ein Kniff beim Kochen oder eine Bewegung beim Klettern, ein Tipp von der Bergwacht bei einer Bergung so vorzugehen und nicht anders. Ratschläge im Kaufmännischen, im Handwerklichen, im Organisatorischen, beim Transport.

Gute Erfahrungen und Niederlagen in einen Topf geworfen, daraus werden wertvolle Fingerzeige und Ermutigungen, die wiederum gepaart mit Zielstrebigkeit, sie sind das „Handwerkszeug" für den Erfolg. Ganz sicher gehört zu allen Entscheidungen stets eine Portion Vision, Unbeschwertheit und Naivität, sonst gäbe es keine Bücher von mir, wäre keine Ausstellung im Alpinmuseum entstanden, gäbe es keinen Bauernhof in der heutigen Form. Lebensweisheit ist die Summe der Erfahrungen, die man mit sich, seinen Freunden und seinen Begleitern macht.

An dieser Stelle möchte ich denen „Danke" sagen, die mich in dieser Zeit in irgendeiner Weise begleitet und etwas gelehrt haben.

In erster Linie sind dies:

Die Sektion Garmisch-Partenkirchen, allen voran Werner Lindauer, der als ehemaliger Hüttenreferent der Stuiben- und Oberreintalhütte, sowie als Freund und Kletterpartner stets ein offenes, Ohr für mich hatte. Richard Maier für stetige Freundschaft, im technischen, kaufmännischen und organisatorischen Rat. Bernd Sebald für Freundschaft, Ideen, und unermüdliches Arbeiten an unserer Website und allem,

das mit dem PC zu tun hat. Dem leider schon verstorbenen Karl Eitzenberger und Toni Grüner, als ehemalige Leiter der Bergwacht Garmisch-Partenkirchen für die stets gute Zusammenarbeit und Koordination während der Stuiben- und Oberreintalzeit.
Für Freundschaft fruchtbare Zusammenarbeit und Unterstützung:
Der Bergwachtbereitschaft Garmisch-Partenkirchen.
Den Bergwachtbereitschaften des Landkreises Garmisch-Partenkirchen.
Den Bergwachtbereitschaften Weilheim und München.
Den freiwilligen Feuerwehren München, Maselheim und Erfweiler in der Pfalz.
Der Berufsfeuerwehr München Sendling.
Der Bundeswehr Mittenwald, ganz besonders dem Heeresbergführer-Lehrgang und dem Hochgebirgszug.
Den Piloten von Heer und Luftwaffe, der Bell UH 1 D, sowie der CH 53 Sikorski.
Der Luftwaffenschule Fürstenfeldbruck, ganz besonders Stabsfeldwebel a. D . Herbert Hassler.
Allen ehemaligen und jetzigen Berg-und Skischulen, besonders Wolfgang Pohl für die Einführung der ehemaligen Bergferien für Kinder und Bernhard Bruckdorfer für die langjährigen und zahlreichen Kurse des AFRC im Oberreintal und auf der Reintalangerhütte.
Dem Landratsamt und der Gemeinde Garmisch-Partenkirchen.
Dem Forstamt Partenkirchen.
Den Jagdpächtern des Reintales.
Der Buchhandlung Gräfe und Unzer in Garmisch-Partenkirchen.
Der Buchhandlung Adam in Garmisch-Partenkirchen.
Dem Steuerbüro Ritter und Janner in Garmisch-Partenkirchen.
Der Rechtsanwaltskanzlei Margelik und Hinrichs in Garmisch-Partenkirchen.
Der Kreissparkasse Garmisch-Partenkirchen mit ihrem Vorstandsvorsitzenden Georg Fink.
Ganz besonders der Fa. Sport Conrad in Garmisch-Partenkirchen mit ihrem Inhaber Hans Conrad.
Der Fa. C + C Oberau mit ihrem Chef Herrn Kröck.
Der Fa. Coca-Cola Fürstenfeldbruck mit ihren Technikern, Richard Mayr und Sepp Guglhör.
Der Fa. Hacker Pschorr mit ihrem Gebietsleiter Herrn Dorfner.
Der Fa. Deuter Rucksäcke mit ihrem Geschäftsführer Bernd Kullmann.
Der Fa. Ossberger Turbinenbau in Weißenburg.
Der Fa. Hofpfisterei in München.
Der Fa. Offprint Kurt Oberndorfer und Monika Rechner in München.

Der Fa. Hauser Excursionen München.
Dem Summit Club München, besonders Günter Sturm und Günter Härter.
Der Sektion Berggeist des DAV mit ihrem Chef Siggi Weippert.
Der Sektion München des DAV mit ihrem Referenten Ernst Theuerkorn.
Der Bergsteigersendung des Bayerischen Rundfunks unter ihrem Leiter Ernst Vogt.
Dem Bayerischen Rundfunk und dem Bayerischen Fernsehen.
Radio Oberland in Garmisch-Partenkirchen.
Der Redaktion des Magazins „Alpin“ mit ihren Chefredakteuren Bene Benedikt und Clemens Kratzer.
Der Redaktion „Der Bergsteiger“ mit ihrem Chefredakteur Andreas Kubin.
Der Redaktion „Klettern“ mit den Chefredakteuren Ralf Stör und Volker Leuchsner.
Der Redaktion des Alpenvereinsmagazins „Panorama“ mit ihren vergangenen und jetzigen Chefredakteuren.
Dem Sektionsmagazin der Sektionen München und Oberland „Alpinwelt“ mit ihrem Chefredakteur Frank M. Siefarth.
Der Süddeutschen Zeitung, dem Münchner Merkur und dem Tagblatt Garmisch-Partenkirchen.
Allen Musikern und Mitmusikanten für unvergessliche Stunden am Stuiben, im Oberreintal und auf der Reintalangerhütte, ganz besonders Jochen Erich Abel und Wolfi und Markus Opitz, ebenso Hannes Dengg für ungezählte Stunden im Kreise von Musikfreunden. Ebenso schulde ich Dank für schöne Abende, Sepp Dengg und Sepp Zollner Senior.
Allen Musiktrekkern von 1998 und 2008.
Gerhard und Margret Baur für ihren Film: „Der alte Weg zur Zugspitze“.
Bettina Stummeyer und Jochen Schmitt für den Film „Ein Stück Himalaya im Wetterstein“.
Günter Hess für die Aufnahme der CD: "Musiktrekking zum Dach der Welt“.
Norbert Yoah und Stefan Frühbeis für die unvergessliche Radiostunde bei „1:1 Der Talk“ in Bayern II.
Allen Mitautoren in meinen Büchern.
Allen die an der Schrift „25 Jahre Hüttenwirt im Wetterstein" mitgewirkt haben.
Dem ehemaligen Kulturreferenten des DAV, Helmuth Zebhauser.
Florian Raff München, Hubert Wehrs München/Garmisch-Partenkirchen, Alfred Stemp Eichenau, Anderl Hirschbold Eschenlohe für graphische Gestaltung und Buchformatierung.
Allen die am Gelingen der Ausstellung „Wände --Grate -- Dome“ beteiligt waren.
Dem Panico Alpinverlag mit ihrem Chef Achim Pasold für Freundschaft, Verlegen meiner Bücher und stetigem offenen Ohr für alle Belange, die damit zu tun haben.
Dem Wegereferenten der Sektion München Konrad Kirch mit Frau Joelle.

Dem ehemaligen, langjährigen Hüttenreferenten der Reintalangerhütte Hans Martin mit Frau Lieserl.
Allen Handwerkern und Firmen in der Umgebung, allen voran dem Wasserturbinenbetreuer Frank Huber sowie dem verstorbenen Martin Rieger.
Allen ehemaligen und jetzigen Hüttennachbarn.
Allen ehemaligen Schäfern der Weidegenossenschaft Partenkirchen und dem jetzigen Schäfer Karl Wörndle.
Bartholomäus Erhard (Schweizer Bartl) für seine unentgeltlichen Dienste nach wiederholten Wegzerstörungen durch Unwetter.
Peter Utzschneider für zahlreiche Versorgungsfahrten mit dem Steyrer-Puch-Haflinger zur Reintalangerhütte.
Michael Stimmers Obst und Gemüsehandel Garmisch-Partenkirchen, für seine vielen unentgeltlichen Motorradfahrten mit vollen Obstrucksäcken ins Reintal.
Siegfried und Irma Wehrle für den jährlichen Blumentransport ins Reintal.
Werner und Wolfgang Wehrle, Franz Vojik und Hans Steigenberger sowie Richard Maier für Elektrik und technischen Rat.
Bernhard Bruckdorfer für unentgeltliche Transportfahrten mit seinem Unimog.
Allen Stammgästen und Besuchern der letzten 30 Jahre.
Carl-Heinz Franke und Heimo Witkowski für viele hilfreiche und nützliche Ideen.
Sherpa Gyalzen aus Nepal.
Klaus Wehrle mit seinen Rodgauern für all die unentgeltlichen Putzeinsätze.
Schorsch Möbs für die zahlreichen unentgeltlichen Stunden auf der Reintalangerhütte.
Allen ehemaligen und jetzigen Mitarbeitern (Reintalpeople) und Freunden für Freundschaft, konstruktive Kritik und unzählig schöne Stunden.
Moritz Theuerkauf für viele unentgeltliche Stunden als Transporteur und Wegebauer.
Christian Obermeier für viele unentgeltliche Stunden als Hüttentechniker.
Amadeus Henke als ehemaliger Hüttentechniker.
Meiner Verwandtschaft und meiner Familie, allen voran meiner Frau Ursula für das Eintippen der Texte für dieses Buch und das aufmerksame Durchlesen meiner Geschichten, für ihr stetiges Vertrauen und für ihr Verständnis für meinen Beruf.
Meinen Freunden Wilhelm Schwarz und Friedemann Galm für Korrektur und Lektorat.
Meinem Freund Hannes Dengg für konstruktive Vorschläge zu einigen Texten in diesem Buch.
Meinem Nachfolger Simon Neumann für seine stetige Freundschaft und für sein Vertrauen in mich.
Sollte ich jemanden vergessen haben, dann sei er hier an dieser Stelle eingeschlossen in den allgemeinen Dank für eine Superzeit.

Ciao Wetterstein - Auf Wiedersehen im Allgäu